시천지의 한 세대 시천지의 세 마디

시천지 제10집

시천지의 한 세대
시천지의 세 마디

시천지 동인

서문 | '한 세대의 시천지'와 '시 인생의 세 마디'
―〈시천지〉동인 30주년 기념시집을 펴내며

　세상이 어지럽다. 국내외의 정세가 급변하고 있다. 그래도 세계의 시계는 돌아가고 있다. 온갖 불협화음 속에서도 자국의 이익에 따라 긴밀하게 움직이고 있다.

　이러한 시기에 문학은 어떤 일을 할 수 있을까? 시는 어떤 역할을 할 수 있을까? 지금 이 순간에도 작가들과 시인들은 끊임없이 글을 쓰고 있다. 노벨문학상을 비롯한 각종 문학상의 수상 소식은 문학이 여전히 예술의 선두에 있음을 보여주고 있다.

　이른바 '글을 쓴다'는 것은 어떤 의미를 지니는 것일까? 그 중에서도 '시詩를 쓴다'는 것은 어떤 가치가 있는 것일까? 한 편의 작품이 탄생하는 과정 속에는 갖은 고뇌가 담겨져 있다. 수많은 작가와 시인들은 이런 의미와 가치를 의식하며 글을 쓰고 시를 쓴다고 믿고 싶다.

　〈시천지〉동인은 20세기 말미인 1994년에 결성되었다.

당시 문단에 갓 등단한 90년대 신인들의 패기와 열정이 모여 이루어졌다. 동인들은 진지하게 작품들을 쓰면서 각종 문학행사들에 참여하였다. 동인들은 문학아카데미를 구심으로 하고 한국시인협회를 원심으로 하면서 한국문단이 제정한 주요한 상들을 수상해 왔다.

'십년이면 강산이 변한다'는 말이 있다. 우리가 보내온 '삼십 년'은 '인생의 세 마디'일 뿐만 아니라 '한 세대가 보내는 긴 세월'이다. 문단의 신인이 '소장 시인'과 '중견 시인'을 거쳐 '중진 시인'을 향해 가고 있다. 그동안 우리 동인들이 펴낸 시집들과 작품들은 이제 우리 시단에 하나의 산맥을 이루어 가고 있다.

이번 기념 시집에는 박수빈 시인의 「화성장대에서」 외 9편, 진영대 시인의 「수탄장」 외 9편, 서주석 시인의 「모닝꽃」 외 9편, 윤정구 시인의 「너구동의 여름」 외 9편, 최영규 시인의 「부의」 외 9편, 한이나 시인의 「번개낙관」 외 9편, 고영섭 시인의 「사랑의 지도」 외 9인, 이나명 시인의 「저녁이 지나가네」 외 9편을 모아 80편을 담았다. 오석륜 시인은 아쉽게도 함께 하지 못했다. 여기 수록작들 대부분은 갓 길어 올린 '날 것의 작품' 또는 이미 펴낸 '대표작품들'이다. 그렇다 하더라도 〈시천지〉 동인의 열 번째 여정이라는 흐름에는 모두 닿아 있는 시편들이다.

한 세대인 30년을 넘어 동인 결성 31년을 맞이하는 동인들은 〈시천지〉 결성 당시의 초심으로 돌아가 새로운 출발을 다짐해 본다. 1995년 〈시천지〉 제1집 『상처의 곳간』(문학아카데미)에서부터 2022년 〈시천지〉 제9집 『달을 먹은 고양이가 담을 넘은 고양이에게』(시인동네) 이르기까지 우리들은 아홉 권의 동인지들을 간행해 왔다. 이 기나긴 세월 동안 동인들은 저마다 여러 권의 시집들을 간행하며 각종 문학상들을 수상해 왔다. 동시에 아홉 차례의 동인지 간행을 통해 동인들은 서로의 날숨과 들숨을 들을 수 있는 귀명창들이 되어 있다.

〈시천지〉 동인들은 이 기념시집을 펴내며 앞으로 좀 더 원숙한 시들을 써낼 것을 다짐해 본다. 동인들은 저마다 대여섯 권 이상의 시집을 펴내면서 '등단 신인'에서 '중진 달인'이 되어가고 있기 때문이다. 세상이 어지럽고 국제 정세가 급변해도 시인의 역할은 여전히 '시로 노래하는 것'이라 생각한다. 시가 끊어지지 않고 끝없이 이어지는 '시의 지천', '좋은 시가 천지'인 세상을 만들고자 한다.

2025년 10월 10일
고 영 섭

차례

서문 ——————————————— 5

박수빈

화성장대華城將臺에서 ——————— 16
봄날이 간다 ————————————— 18
저 절로 가는 길 ——————————— 19
숲에 어떻게 도착하나요 ——————— 20
바퀴 달린 신발 ——————————— 22
줌 인 줌 아웃 ———————————— 24
물 속의 잠 ————————————— 25
심연 ————————————————— 26
미타쿠예 오야신 ——————————— 28
아보카도 —————————————— 30

진영대

수탄장愁嘆場 ————————————— 32
하늘에 뿌리내리기로 했다 —————— 34
이기면 되겠습니까 — 일출, 호미곶 앞바다 청동 조각상 —— 35
사랑아, 사랑아 ——————————— 36
조장鳥葬 —————————————— 37
바람이 멈추었다 ——————————— 38
밥투정 ———————————————— 39
말하지 마라 ————————————— 40
오래된 골목 ————————————— 41
탈피 ————————————————— 42

서주석

모닝꽃	46
물꽃	47
마음꽃	48
알몸꽃	49
말차꽃	50
살데꽃	51
스윙꽃	52
멘탈꽃	54
미스테리꽃	56
숨꽃	57

윤정구

너구동의 여름	60
사과 속의 달빛 여우	61
소나기를 맞은 염소 — 사석원에게	62
사슴벌레	64
수석水石을 바라보다	66
산수유 화엄	68
세인트 히말라야	69
아버지의 아버지	70
목척교	71
유리시경琉璃詩境	72

최영규

부의賻儀	74
문안산 물감빛	75
덕항산 동무들	76
달항아리 — 국보 제310호 백자대호白磁大壺	77
하늘길 잠적潛跡	78
강경들녘 폭염	79
나를 오른다	80
환생還生 — 안데스 1	81
바다 — 안데스 2	82
고향故鄕 — 안데스 12	83

한이나

번개 낙관	86
어머니와 재봉틀	87
에코 브릿지	88
물빛 식탁	90
알맞은 그늘이 내가 될 때	91
침향	92
청호반새, 저 꽃잎	93
석양 무렵 여름	94
거대한 달력의 저쪽	96
뭇별 총총	98

고영섭

사랑의 지도 — 한글날에	100
연결되어 있네	101
마침내 — 대지	102
처서 — 더위가 그치는	103
사경가寫經歌 — 현대향가 12	104
동치미	105
절창絕唱	106
화불 — 그림으로 그리는 경전	107
벚꽃 사리	108
하루	109

이나명

구름신발	112
눈이 온다 2	113
룬日	114
느티나무 그림자	116
모든 날들이	117
아니 당신!	118
슬픈 꿈	120
울음열쇠	121
이슬방울 세상	122
저녁이 지나가네	123

해설 ǀ 〈시천지〉동인 31년을 돌아보며 — 하늘과 땅이 어우러진 시를 위하여	125
시천지동인 연보	149
동인 주소록	153

- 일러두기
  페이지의 첫줄이 연과 연 사이의 띄어쓰기 줄에 해당할 경우 >로 표시합니다.

박수빈

전남 광주에서 태어나 아주대학교 국문과 대학원 박사과정을 졸업했다. 2004년 시집 『달콤한 독』으로 작품 활동을 시작했다. 《열린시학》에 평론으로 등단하며 문학평론가로도 활동하고 있다. 시집으로 『청동울음』, 『비록 구름의 시간』, 『달 먹은 고양이』가 있다. 평론집으로 『스프링 시학』, 『다양성의 시』, 『관계와 시』가 있으며 논저로 『반복과 변주의 시세계』가 있다. 제5회 손곡(이달)문학상을 수상하였다.

화성장대華城將臺에서

이름도 사통 팔달산에 오르니
화성행궁이 보이고 성곽길이 보이고
녹음보다 더 울창한 아파트 숲
솔바람 소리에 실려 오는 연무대 팽팽한 활시위
새처럼 나는 동이족 후예의 은유

성벽에 손을 얹으면 우우우
이백 년 넘게 입은 돌들의 푸른 옷내음
성을 쌓던 사내들 땀내음

보수하면서 끼인 돌들이 아프다 아프다
그 소리 사색당파의 뒤주에 갇힌 소리
융릉까지 이르러 용주사의 부처님은 항마촉지인일까

맞물린 관계의 습기
지금 나는 성내城內인가 밖인가
경계의 풍경은 아찔하고 아늑해
사람 사이도 찾아 헤맨 사랑의 꿈도 이러한지

이슬 맞은 풀잎은 내 발목을 적시는데 저쪽을 보는 당신
나는 당신의 울타리 어디쯤인가
손을 뻗어 보지만 이르지 못하는 거리

당신을 보고도 다 보지 못한다

도깨비바늘은 언제 옷자락에 붙어왔나
갈맷빛 잎사귀들 바람에 휘휘거리고
날개 가려진 구름이 숲을 흔든다

봄날이 간다

가방이 헤벌쭉, 입을 귀에 걸고 있다
이스트처럼 이야기들이 부푼다
언제 샀을까, 빨강 물방울무늬 비키니
짧은 치마와 선글라스

별을 땄나 달을 땄나
주먹밥을 뭉쳐 한 쌍의 연인을 만들고
김을 얹어 눈과 코, 당근으로 화룡점정 도시락
민무늬 티에 긴 바지를 입고 봉사활동 간다더니

돌아와서는 업어가도 모르게 신생아처럼 잠, 잠
달달한 냄새 퍼져나간다

백사장에 푸른 바다가 펼쳐진다
물고기들이 파닥인다

산다던 참고서는 연애학 개론일까
도서관이며 엠티도 밤새 불을 밝히고 떠나고픈 곳이지

그러게, 얘, 누구를 닮았지?

저 절로 가는 길

놀이공원
매운탕 집
계곡에 발 담근 사람들 보며

푸성귀를 파는 할머니들
걸인의 햇볕 달궈진 동전

내 안의 통도사는 어디 있을까
저절로 가는 길 없이
아홉 마디 구절초 피고

발길에 차이는 돌부리
백 년도 못 사는 굽이굽이

일주문 앞 낯선 바람
눈을 부릅뜬 사천왕
추녀 끝의 풍경 소리

숲에 어떻게 도착하나요

팔을 번쩍 내 마음대로 점프
또 뛴다 또 아래층에서 올라온다
그러지 않는 트램펄린, 링

벽지에 그려진 산과 나무
자연이 뭔데요, 나는 실내가 더 익숙한 걸요

걔가 나에게 자꾸 펀치를 날렸어요
자연스럽게 복서처럼 어퍼컷 왜 못했을까요
꾹 참은 일로부터 점프
나무마다 모습이 다른 걸요

나는 맨발로 중심을 잡고
오므린 발가락들 힘주며 다시 점프
사방팔방 뛰어도 왜 달려 나가지 못하죠

천장에는 거미줄
창밖에는 무릎 나온 내 바지 모양 분리수거장이 보여요
나를 여기 놓고 저쪽으로 간 엄마의 뒷모습
목 눌린 플라스틱병이 집 나간 뚜껑을 찾아요
상자는 한때의 아늑한 포장이 찌그러져 있어요

\>
아이들은 어느새 엄마 손 잡고 돌아가요
바람 불어도 괜찮아요 괜찮아요 동요는 반복되고
다리에 힘이 풀리기 시작해요
카운터에 놓인 응원봉
저 불이 켜지길 바라며 계속 점프

바퀴 달린 신발

앞선 사람 보며
여기인가 싶으면 저만치 줄자처럼 늘어난
빵 찾는 길

내쉬는 숨에 뿌연 안경
뒤꿈치의 물집
그렇게 수십 년의 가속도

마른 입에 기침이 튀어나오고
주변의 말풍선도 꼬리를 무네
개는 컹컹 짖고
나는 바퀴에 묶여 있고

그때는 몰랐지
먼저 이룬 빵이 먼저 식고
터벅터벅 보통의 신발들이 빛나는 것을

지금은 다들 무엇이 되었을까
노을빛 구름빵 마주하며
흙이 발을 어루만지듯이
이제 맨발로 오솔길 걷고 싶은데

〉
높은 모자에 희끗한 머리가
손님 여기 서 있으면……
왜 이리 힘이 들지요? 의자 없나요?
나도 평생였다오

베이커리에 불이 켜지고 난로 위의 주전자가 끓는다

줌 인 줌 아웃

스타킹으로 몸을 가린 무용수들
울타리 모양이다가 선율 따라 나선형이다가
분수처럼 위로 솟구치며 번지는 땀

객석도 숨을 멈출 무렵 어떻게 가위를 찾았을까

핏줄과 근육이 드러난다
자른 조각 던질 때 휘날리는 깃발, 외침 같다

시선을 어디에 두어야 할지
어쩌면 찢는 소리는 본능

무대와 관람 구역 나눔이 없어지며
남자 여자 검든 희든 어우러지는 야생
그동안 얼마나 꾸미며 살아왔는지

벌판이 펼쳐진다
군무에 피어나는 봉오리들
어쩌나, 앞 좌석 큰 모자에 수繡 놓인 덩굴장미

물 속의 잠

달빛 좋은 밤이 수 천 년 일렁인다
사내는 수렵을 하고 아낙은 젖을 물린다
반구대는 전설의 거울
아로새긴 고래와 헤엄치는 마음

사슴은 어디에 피를 묻었나
언제부턴가 뿔이 안 보인다
숨소리만 쌕쌕거리며
눈동자에 스민 구름

얼굴 순한 사람들이 수면 아래 잠긴다
물풀들은 채찍처럼 휘감기며 울부짖고

덤프트럭 소리

물결들이 흘러간다
하늘이 위에서 오래 지켜보고 있다

심연

학의 무리가 항아리 속으로 하늘을 불러들인다
푸른 세상은 눈비에 얼다가 녹다가

용무늬 향로는 제기祭器였나
주병酒甁을 기울이던 사람들
떨어진 손잡이는 지난 세기에 수장되고
파도에 수초가 흔들린다
이끼 핀 생멸의 흔적

돌돌 말린 비단을 펼치면 항해 지도
박물관에 제국이 건설된다
개척이란 난파의 다른 이름
뼈를 갈아 넣고 본차이나 그릇이 탄생하듯

목간*에 수심獸心이 새겨졌나
수신되지 않은 수심愁心
수심水深 깊은 여울

향신료 보석 찾아
머리카락 보일라 수심修心 가라앉은 시간

맵찬 바람 냄새

버둥거리는 죽지

* 나뭇조각에 새겨진 편지나 문서

미타쿠예 오야신*

화살을 쏘는 근육질의 몸이 드러난다
들소 몰며 이동할 수 없는 허허벌판
전시장에 달그락 소리 들린다
모카신** 에 들어간 돌들이
움직일 때마다 달그락 말 탄 소리로 들린다
청년이 독수리 깃털 머리 장식을 하고
협곡을 질주하기 시작한다
바람의 냄새를 맡으며 부드러운 흙의 촉감
갈색 피부와 내 눈이 만난다
조명이 가려진 진실을 비춘다
블라인드를 올리면 창 너머 빌딩 숲
맨해튼은 원래 인디언의 땅
역사는 과거를 이어 현재의 일
청년이 술병을 길 안내판에 부딪쳐 깬다
자동차 앞에 얼어붙는다
힘살 탄탄해도 직업 없이 어영부영
응어리를 얼리러 빙하로 떠날지 모른다
요람에서 햇살과 나무와 새
함께한 시절 떠올려 본다
잇몸을 혀로 대본다
알코올 냄새 풍긴다

* Mitákuye Oyásin 자연과 사람은 연결되어 있다는 북미 원주민의 인사
** Moccasin 인디언 신발

아보카도

개굴개굴 울음소리 들린다
물보라 치는 기슭에 푸르딩딩 울룩불룩한 몸

공을 닮은 속내는 세상으로 튀어 오르고 싶지만
좀처럼 찾기 어려운 광장

작은 개구리들 소리와 땀
물살을 따라가다 움츠린 날들
중앙분수까지 닿지 못한다

귀퉁이에서 공을 차다가
도려낸 눈가처럼 고이는 그림자

돌멩이에 걷어차인 울음주머니
돋보기를 돌을 보듯
멀고도 가까이

물갈퀴가 머문다
뒤꿈치가 바닥에 닿지 않는다

동심원이 퍼져나간다

진영대

세종시에서 출생. 1997년 실천문학 신인상으로 등단했다. 시집 『술병처럼 서 있다』, 『길고양이도 집이 있다』, 『당신을 열어 보았다』, 『아무것도 젖지 않았다』가 있다.

수탄장 愁嘆場※

조치원읍과 청주시의 경계 하천
조천변 양쪽 둑길을 따라
일정한 간격을 두고
나란히 벚꽃이 피었습니다
꽃 한 번 피는데
일 년이 백 년같이 길었습니다
얼마나 보고 싶었으면
새잎이 나기도 전에 꽃이 먼저 피었을까요

도로 양옆으로
문둥이와 문둥이 자식들이
나란히 줄을 서서
한 달에 한 번
눈으로만 만나던 수탄장

손 한번 잡아줄 수 없는 어미가
목놓아 부르는 소리처럼
난분분 떨어지는 꽃잎, 바람에 실려 보내도
작은 도랑 하나 건너지 못했습니다
물 위에 떨어져 흘러가다가,
흘러가다가 가장자리 모래톱에
수북하게 꽃잎이 쌓였습니다

* 1960년대 소록도는 한센병을 앓는 부모와 아이를 분리 수용하고 한 달에 한 번씩 도로 양옆에 부모들과 자식들이 줄지어 서서 한 시간 정도 얼굴을 볼 수 있게 했다고 합니다

하늘에 뿌리내리기로 했다

　열리는 대로 다 먹으면 도둑놈이다. 농사꾼이 아니다. 짐승도 먹고, 새도 먹고, 벌레도 먹고 남은 것을 먹어도 남는 게 농사라지만 아무리 좋게 생각해도 이건 아니다.

　가락시장 경매장까지 올라가서 포도 한 상자 만 오천 원 받아내면 운임에다 상차비, 하차비, 경매수수료라고 잘라 갔다. 농협 놈들 앉아서 받아먹는 판매수수료까지, 그것도 부족해서 파리처럼 붙어서 작목반 회비라고 뜯어갔다.

　손에 쥐는 게 만 삼천 원이 될까 말까 한데
　박스값 구백 원에 자잿값, 농약값으로 나가는 게 반이었다.
　인건비는 사람값이니 그렇다고 쳐도
　십 년 포도 농사에 남은 건 나이뿐이라
　무릎이 푹푹 꺾였다.

　한참 일 잘하는 포도나무를 뽑아서
　뿌리에 붙은 흙을 툭툭 털어 내던졌더니
　캐어 낸 구덩이에 거꾸로 처박혔다.
　땅속에 묻혔던 뿌리가 허공중에 박혀
　하늘에다 뿌리를 내리려고 버둥거렸다.

이거면 되겠습니까
— 일출, 호미곶 앞바다 청동 조각상

도망간 제 여자를 데려오겠다고
천길 바다
물속까지 따라 들어가
불덩어리를 건져 올린 사내에게
청동의 손을 가진 사내에게

잘 벼린 황금칼 하나 던져주며 묻는다
이거면 되겠습니까

사내의 손아귀에서 벗어난 불같은 여자
중천에 떠올라,
청동 사내의 손이 닿지 못할 곳까지 올라가

기어이 따라붙겠다고
물 밖으로 손을 내밀고 있는
가엾은 사내에게 다시 묻는다

그 칼,
바다 위에 내려놓고
천길 바닷속
바위가 되시면 아니 되겠습니까

사랑아, 사랑아

잠자리 날개를 보면 제 날개 같지 않았다

지상으로 내려온 선녀의 비단옷을 훔쳐 입은 사내처럼
죽은 나뭇가지 끝에 앉을 듯 말듯 안절부절못했다

사랑할 방 한 칸 마련하지 못하고
혼인비행을 끝내고 돌아와
삭정이 끝에 아슬아슬하게 앉아 있었다

불안함의 무게를 견디려고
잔뜩 힘을 모아 꼬리를 말아 감았다
산그늘 닮은 어떤 커다란 손이 다가와
꼬리를 뭉텅 잘라갈 것 같아
잠자리는 잘 때도 날개를 접지 못했다
겹겹이 눈 부릅뜨고 있었다

자다가 깨서, 내 꼬리 어디 갔지?
돌돌 말아 감았던 꼬리를 펴 보곤 했다

조장鳥葬

누가 나를 한 조각씩 물어다 주시겠어요

내가 들판에 몸을 내려놓고
다른 세상으로 갈 때

입에 물고 있던
삭정이 잠시 내려놓고

저쪽 세상의 풀밭으로
나를 옮겨 놓으시겠어요

내 몸보다 먼저 내가 저세상으로 올라가
하나하나 조각을 맞춰놓으면

멀리서도 어머니가 제일 먼저
나를 알아볼 수 있게

누가 나를 한 조각씩 입에 물고
저쪽의 세상으로 물어다 주시겠어요

바람이 멈추었다

바람이 멈추었다
다리 아래 억새잎은
팽팽하게 탄성을 유지한 채
바람과 맞서 휘어져 있었다
바람의 방향과 무관하게
자동차는 다리 위를 질주했고
사람들은 그림자처럼
나를 통과해서 지나갔다
바람이 멈추자
자동차의 마찰음은 들리지 않았다
무성영화 속 사람들이 바쁘게 지나갔다
발걸음 소리도 없이 다가온 어떤 숨결처럼
연꽃 한 송이 벌어지고 있었다
바람이 멈추고
세상의 모든 소리가 일시에 정지했다

밥투정

참새들 삼삼오오 모여
머리를 갸우뚱,

시멘트길 갈라진 틈에 박힌
누군가 흘리고 간 쌀 한 줌을
콕콕 쪼아대며

맛이 있네, 없네
말이 참 많다

시멘트 포장길을 당장이라도
뜯어볼까, 말까?

의견이 분분하다

말하지 마라

홍시 하나 다 파먹더니
저 귀신
사람의 말도 알아듣는지
두런두런 말을 섞고 있다

사람의 속마음도 읽을 줄 아는지
들은 것, 본 것
다 발설하겠다고

깍깍, 헛구역질하고 있다

백 년 감나무
나뭇가지를 흔들어대고 있다

오래된 골목

목련꽃으로 지붕을 덮어놓았다

먼저 핀 꽃잎은 떨어져
은빛 물고기처럼 파닥거렸다
더 오래된 꽃잎은
길바닥에 들러붙어 떨어지지 않았다

갯고랑에 처박힌 폐선 닮은 기와집
깃대를 높이 올리고 펼쳐놓은 목련꽃
횡포 돛처럼 누렇게 색이 바랬다

한때 이 골목은
한 길 물속이었을지 모르고

꽃잎에 수면이 닿을 때까지
물이 차오르기를 기다리고 있었다

바람이 불면
먼저 핀 꽃부터 지고

갯고랑에 처박힌 빈 배는 움직이지 않았다

탈피

크리스마스섬 붉은 게들, 우기가 시작되면
해변으로 알을 낳으러 간다
바닷물에 몸을 담그면
배딱지가 열리고 알을 품을 수 있다

해안가 인근 숲에서 굴을 파고 기다리던
수컷 붉은 게들은 짝짓기가 끝나면
자신이 살던 숲으로 돌아가고
수컷이 파놓은 굴속에서 알을 품는다

새로운 달이 뜨기 5일 전
자신이 온 길을 따라
크리스마스섬 붉은 게들,
해변으로 알을 낳으러 간다

파도를 기다렸다가
집게발을 들고 40만 개의 알을 털어낸다
파도 한 번이면 물거품과 함께
먼바다까지 휩쓸려 가는 어린 게들

등껍질이 굳어지기 전에 다시
모래밭으로 올라와

긁히고 찢어진 상처 단단해지면
껍질을 벗어놓고 어미가 되어 간다

저를 버리고 떠난
어미가 왔던 길을 따라 숲으로 간다

서주석

충북 청주 출생. 영어영문학을 전공하고, 자연치유학 박사 학위를 받았으며 문학치료를 전공했다. 문학 아카데미에서 활동하며 시치료와 동작 중심 예술치료 전문가로 활동 중이다. NLP 트레이너이자 현재 시치료학회 및 숲명상문학치료협회 부회장으로 재임 중이다.
저서로 『내 친구 두두물물』, 『시가 나를 만든다』, 『심우도와 시치료』가 있으며, 영역 시집으로 『The Egg of A Racewing』, 『Poetry Makes Me』가 있다. 또한 시치료 동인시집 『라파트리』, 『결』을 출간했다.

모닝꽃

영국 시골 어딘가에

스와이낭트 라는 마을이 있다네

아침마다 창문을 열면

골짜기와 산들의 숨소리가

바람 타고 마을로 내려와

스와이낭트~

스와이낭트~

속삭이며 동네 사람들을 깨운다네

얼그레이 차 향기 풍기며

골목마다 모닝콜을 울려 댄다네.

물꽃

그가 간절히 원한다고
달려와
꽃이 된 물

물의 근육 넓혀
초록 이파리 만들고
물의 뼈를 늘려
노오란 수술 만든다

뼈도 근육도 없으니
신념도 자존심도
향기 속으로 스며든다

사각에 담으니
네모 꽃
원에 담아 보니
동그라미 꽃

누군가
간절히 원하면
달려와
꽃이 되는 물.

마음꽃

산당화 바알간 꽃봉오리

머리를 쓰다듬다

내 마음을 들켰네

손가락 끝에 숨겨진

붉은 기운

노오란 꽃 술에 닿으니

파르르~~

열리는 꽃 이파리

꽃이 피었으니

내 마음도 피었다.

알몸꽃

내 마음 어딘가
언제나 펼쳐 감상할 수 있는
산수화 한 점 들여 놓았네

매화꽃 향기 타고
살빛 형상들 스쳐 지나간다

분홍 꽃 가지 한 가닥
붓 끝에 아른거리고
가슴 털 고운 새 한 마리
깊은 상념에 젖어 있네

님을 찾아 내려온
알 몸의 여인들 둘러 앉아
꽃담 나누며 향기 건내며
서로의 등을 토닥인다

기억의 방문 열 때 마다
그림 속에서 피어 오르는
알몸 꽃 한 송이.

말차꽃

다완에도
차선에도 생명이 있어

차를 휘젓는 손 길
거품 속의 방울들
댓살 사이 새어 나오는
여리고 긴 숨소리

차를 달이는
손가락의 춤사위에
정신을 내려 놓은
혼절 사이로 붓꽃 씨앗
까맣게 터지 듯
고요가 팽창한다

마음 속 깊이
맺힌 곳들
거품처럼 구수하게
목젖에서 녹으니

빈 찻잔 속
녹빛 생명꽃 활짝 피어난다.

살데꽃

살데라는
아름다운 이름을 가진 곳이 있다지요?

가슴 언저리 어딘가에
마르지 않는 샘물 흐르고
느낌으로 소통하는 곳

분노라는 개구쟁이 아이들이
뛰어 놀 수 있는 마당이 있고

슬픔과 우울이 마주 앉아
공기놀이 하는 작은 방도 있다네요

공기놀이와 뜀박질은
아이들이 태명을 찾아가는
수수께끼 게임 이지요

가슴 안에서 몽글몽글
살데꽃이 피어 나는 곳
그 곳이 있어 세상은 참 살만 합니다.

스윙꽃

몰입이 주는
순간의 혼절을 불러
돌인 듯, 물인 듯

붓을 들어
돌을 치 듯, 물을 치 듯

오브제의 형상을
찾아 가는 조각가처럼
날카로운 칼 끝으로
스윙의 근육을 분절시킨다

깊은 호흡 속에서
깨어나는 **뼈**와 힘줄이
히스테리 원형에 닿으니

오브제를 뚫고
조각가의 의지를 녹이는
탯줄의 본성
지문같은 나의 스윙

몰입의 혼절 속에서

히스테리 스윙은
멘탈 미스테리를 낳고

돌을 치 듯
물을 치 듯, 몰록
나에게로 돌아 온다.

멘탈꽃

그녀가 건내는
절망의 잔을 들고
분노의 밥과 수치의
뜨거운 국물을 마시며
진통의 시간을 삼킨다

죽음 없이 부활 없고
진통 없이 탄생 없는
미스테리한
멘탈의 그 자리에

스승이 은밀히 전하는
비법을 수행하 듯
비우고 내려 놓으며

원래 하나여서
하나일 것도 없는
깨침조차 깨지는 순간

절망이 오롯이
절망의 꽃을 피우고
분노가 여여히

분노의 꽃을 피우네

멘탈은
히스테리 스윙의
눈물을 닦아주고
날아 오른다. 플라이
버터플라이 스윙.

미스테리꽃

스윙의 문을 여니 보이네
몸과 마음 하나로 도는
내 영혼의 집

멘탈의 창을 여니 보이네
호흡과 근육 속에 흐르는
참나의 숨결

영혼의 빛
여여한 도의 길에
에덴 동산의 히스테리
이브의 도반이 된
미스테리 인연

치유의 길목에서
구도의 길 열어 준
초록 필드의 신비한 덫

그 녀의 멘탈 미스테리.

숨꽃

그네를 탄다

날숨에 하늘 품고

들숨에 땅을 안고

숨길 따라 얼마를 갔을까

숨도 없고 그네도 없는

작은 꼭지의 세상

배꼽 나라의 문이 열린다

하늘 하늘

숨꽃이 피어 오른다.

윤정구

경기 평택 출생. 1994년 『현대시학』으로 등단했다. 시집으로 『눈 속의 푸른 풀밭』, 『햇빛의 길을 보았니』, 『쥐똥나무가 좋아졌다』, 『사과 속의 달빛 여우』, 『한 뼘이라는 적멸』, 『씀바귀와 쑥부쟁이』가 있으며, 시선집으로 『봄·여름·가을·겨울, 일편단심』, 산문집으로 『한국 현대 시인을 찾아서』가 있다. 수주문학상, 문학과창작 작품상, 공간시낭독회 문학상을 수상했으며, 대산문화재단 창작기금과 문예진흥기금을 수혜한 바 있으며 '세종도서 문학나눔'에 선정된 바 있다. 현재 시천지동인, 현대향가시회동인으로 활동하고 있으며, 한국시인협회 회원이다.

너구동의 여름

산머루는 산머루대로
먹다래는 먹다래대로
팥배나무는 팥배나무대로

줄베짱이는 줄베짱이대로
사마귀는 사마귀대로
팥중이는 팥중이대로

사과 속의 달빛 여우

베어 문 사과 속에 달빛 한 입물어 있다고향에서 보내온 풋사과 맛의 골짜기 어디쯤
  길이 끊기고 멸악산 갑자기 높아져서
  캉캉 여우 울음소리가 하늘로 퍼져 올라갈 때

  사과나무도 분명 그 날카로운 여우 울음소리를 들었으리라
  한낮에는 댑싸리 빗자루보다 더 길고 풍성한 꼬리를 끌고부드럽게 보리밭 끄트머리로 걸어나오던 그 여우의
    송곳처럼 날카로웠던 울음소리

  잡목 우거진 여수굴의 빔 달빛이 얼마나 고혹적이었는지 밤길을 잃어버려 본 사람들은 안다
  눈 속에서 낙엽 속에서 녹음방초 속에서 여우는 그렇게 숨어서 울었지만

  시람들이 그 여수굴 입구를 일구고 사과나무를 심어나가자
  여우는 마침내 마지막 울음을 남기고는
  나무 사이 푸른 달빛을 타고 멸악산 등성이를 넘어갔다

  달빛 묻은 사과 한 점을 베어 먹는다
  손전등처럼 반짝이던 두 눈, 달빛 여우가 보인다

소나기를 맞은 염소
― 사석원에게

벌겋게 기가 살아 있다
한 줄기 소나기가 멈추자
양철지붕 아래에서 튀어나온 저 수탉
잽싸게 헐다만 보리 짚가리에 올라
후두닥 헛날개를 쳤다
곡가穀氣요!
온 동네가 떠나가라 소리를 질렀다

소나기를 몽땅 맞은 염소가
죄도 없이 목을 움츠렸다
수염을 달고 안경을 씌우면
영락없는 우리 회사 진 부장이다
그는 말대꾸 한번 변변히 한 일이 없다
집염소는 한 번도 바람을 마주하여
절벽 위에서 수염을 흩날린 일이 없다

네에에에네에…
평생 아니오!를 말해보지 못한
오종종한 얼굴이달려나와 머리를 조아렸다
무장해제 당한 포로 같이
뿔을 뒤로 감고 나온 늙은 염소는
눈 한번 옳게 쳐다보지 못한다

갓을 잊어 뿔을 보임이
사뭇 송구스러울 따름인즉

소나기 바람에 네 속을 알것다
네놈이 갓 속에 늘 비수를 감추고 다녔것다?
수염까지 젖은 염소가 다리를 후들후들 떤다
웬걸입쇼 소인이 꿈에라도
그럴 리가 있읍니까?
쉰 살에 다 와가는 진 부장은
큰놈이 이제 겨우 중학교에 들어갔다

사슴벌레

소정방에게 쫓긴
백제의 장수들이
익산군 금마면 월성리 산 180번지
성글라라수도원 뒤 참나무숲 속
아직도 제 힘에 버거운
긴뿔투구를 쓰고
   이리 밀둥
   저리 밀둥
육박전 연습을 한다

한번 들어오면
다시 나갈 수 없는 봉쇄수도원
(죽어서도 그들은 수도원 안
묘지에 묻힌다)
뒷뜰 한쪽에서
삼천 궁녀 중에 살아남은
몇 송이 도라지꽃이
보랏빛 초롱과 흰 초롱을
왕국쪽으로 쳐든다

사슴벌레들은 일제히 엎드려
투구를 땅에 대고 조아린다

미륵사 종소리만 울리오쇼서
　　저희는 모든 것이
　　준비 되었나히다
푸른 달빛 아래
선창하는 늙은 해사달이
부르르 긴 뿔을 떤다

(세상이 바뀌었다고
차마 얘기하지 못하고 돌아선다)

수석水石을 바라보다

아득한 시간 속을 흘러가던
물과 바람 속에서
온갖 풀과 나무가 나왔다지요

미궁迷宮이라 했던가요
시작과 끝을 알 수 없는 시간 속을
묵묵히 흘러가던 돌 속에서
벌레와 짐승과 새가 나왔다지요

그런 무심한 것들 속에서
저리 유정한 것들을 피워내는
시간의 법력法力을 생각하다가

우연히 만나 함께 머물렀던 것
서로를 간절히 생각한 것
궁극에는 그대
어딘가 살아 숨쉬고 있다는

바로 그 한 가지 이유만으로
나는 돌이 되고
풀이 되었다가
다시 새가 되어

망망한 바다 위를 날아갑니다

모두
신비한 시간의 품속에서

산수유 화엄

만세 부르듯
두 팔을 번쩍 들어 올린
산수유 가지에 매달려
꼬무락거리던 백팔번뇌
점, 점, 점,
빨갛게 익었다
잘 견디어 익히면
번뇌도 곱다는 말씀인가
함박눈 내리면
더욱 기막힐 거라지만
다들 어디 갔을까
실잠자리, 풀여치, 서리귀뚜리…
짙푸른 산수유 그늘에 숨어
함께 꿈꾸던 이들

세인트 히말라야

눈보라 휘날리며 바위산 치돌아 달려가는 히말라야 긴꼬리여우

추락하듯 온몸을 내리꽂아 긴꼬리여우를 덮치는 흰뺨독수리

14좌 완등을 꿈꾸며 햇살 아슬한 빙벽을 타고 오르는 산악인

평생을 건 한순간 목숨 던져 히말라야 짙푸른 하늘에 가닿는다

아버지의 아버지

어느 날 마침내 나도 베어졌다
침목이 되어 아버지 옆에 누웠다

아버지 옆에는 아버지의 아버지들이
엮인 굴비두름처럼 차례로 누워 있었다
아버지를 밟고 달려온 기차는 내가
어찌할 사이도 없이 순식간에 나를 지나쳤다

기차의 기적이 사라지면
천지는 다시 적막강산
나는 비에 젖어 투정도 하고
젖은 몸을 햇볕에 말리기도 하면서
어둠 속에 떠오를 맑은 눈빛
다정한 별을 기다린다

언제까지 이렇게 있어야 하나요?
기차는 어디로 가는 것이지요?

자꾸 질문을 해대는 내 손을
아버지는 말없이 꽉 잡고 있다

목척교

청계천 8가
왕십리에서 용두동으로 건너가는
나무 다리

사랑방 천장 갓집에 갓을 모셔놓고
중절모를 꺼내쓴 아버지가
볏짚으로 엮은 달걀 몇 줄 들고
십 리 장마루 길 걸어가듯
흰 고무신 신고
아들 입학식에 가시는 길

흔들거리는 다리 위
청계천 양쪽으로 무성한
판잣집 성채城砦를 내려다보며
아버지가 고개를 끄덕이셨다

— 사람 사는 게 천층만층千層萬層이다
　무리해서 가르치는 뜻 알겠지?

다리도 성채도 간 데 없는데
흰 고무신 생각난다고
늙은 버드나무가 손사래를 치고 있다

유리시경琉璃詩境

— 자하紫霞 신위申緯는 시를 향한 맑고 고요한 마음의 지극한 경지를 유리시경이라 불렀다. 시서화詩書畵에 취한 그의 마음을 훔쳐보는 감나무가 있었다.

바보 먹감나무가 담장 너머로
자하紫霞 선생의 붓글씨 쓰는 것
묵죽墨竹 치는 것을 얼빠진 듯 넘겨다본다
붓끝을 감추는 역입逆入
마디마다 멈추어 획을 살리는 삼절三折
그리는 게 아니라 투욱투두툭! 가지 쳐가는 댓잎들을
눈썰미 있게 들여다본다

내게 붓이 있었으면
화선지가 있었으면
아아, 내게 팔과 손이 있었으면
먹감나무 그렇게 절망하면서도
틈틈이 자하 선생 글씨와 그림을 따라
마음속으로 긋고 또 긋더니
남몰래 흐뭇한 웃음도 짓더니

묵죽과 붓글씨를 뛰어넘은
먹감나무의 유리시경
마침내 단아한 문갑文匣이 되었다

최영규

강원도 강릉에서 태어났다. 1996년 《조선일보》 신춘문예로 등단했다. 시집으로 『아침시집』, 『나를 오른다』, 『크레바스』, 『설산 아래에 서서』가 있다. 한국시문학상, 경기문학상, 바움작품상, 김구용시문학상을 수상했으며, 한국시인협회 사무총장·발전위원장·기획위원장과 국제PEN 한국본부 심의위원과 감사를 역임했다.
1985년 연세의료원 산악회를 창립하고, 코오롱등산학교와 정승권등산학교를 졸업했다. 1991년 일본 북알프스 오쿠호다카다케(3,190m) 등정을 시작으로 세계 각지의 고산을 오르며 시와 삶의 지평을 넓혔다.

부의賻儀

봉투를 꺼내어
부의賻儀라고 그리듯 겨우 쓰고는
입김으로 후-불어 봉투의 주둥이를 열었다
봉투에선 느닷없이 한웅큼의 꽃씨가 쏟아져
책상 위에 흩어졌다 채송화 씨앗
씨앗들은 저마다 심호흡을 해대더니
금새 당당하고 반짝이는 모습들이 되었다
책상은 이른 아침 뜨락처럼
분홍 노랑 보라빛으로 싱싱해졌다
씨앗들은 자신보다 백배나 큰 꽃들을
여름내 계속 피워낸다 그리고 그 많은 꽃들은 다시
반짝이는 껍질의 씨앗 속으로 숨어들고
또다시 꽃피우고 씨앗으로 돌아오고
나는 씨앗속의 꽃이 다치지 않도록 조심스럽게
한 알도 빠짐없이 주워 봉투에 넣었다
봉투는 숨쉬는 듯 건강해 보였다
할머님 마실 다니시라고 다듬어 드린 뒷길로
문상을 갔다
영정 앞엔 늘 갖고 계시던 호두알이 반짝이며
입 다문 꽃씨마냥 놓여 있었다
나는 그 옆에 봉투를 가만히 올려 놓았다.

문안산* 물감빛

능선은 줄기마다 밝은 붓질을 하며 달려가다
그 끝에 푸른색 물감을 뚝 떨어뜨린다
그러면 산은
솜털이 뽀얗게 번져있는
갓난아기의 귓등처럼 밝아진다

푸른색으로 흘러내리는 계곡
마른 가지마다 새순들은
눈부신 연두색의 등燈으로 그려지고

물살은 소란스럽게도
얼굴을 파묻고 있던 돌들에게
봄칠을 해댄다

산 아래 능선의 끝자락엔 진달래며 산벚꽃이 벌써
봄 준비를 마쳤고
산어깨에 걸린 햇살은
물감을 풀은 듯 붉게 번지고 있다.

* 536m, 경기도 남양주시 화도읍 소재.

덕항산* 동무들

산허리를 안고 돌아가자
길을 터주는 나뭇가지들이 처음보는 나를 만져보느라
야단이다

나는 잠시 앉아 쉬기로 한다
산옥잠이 저만치 떨어져서 하얀 꽃을 흔들어 보인다

깨알같은 꽃들을 접시만하게 묶어 피운 당귀
곰취의 꽃은 길게 뻗어 오른 줄기 끝에서
흩어질 것같이 피어있다

바람이 분다
머리 위의 나뭇가지가 흔들린다
흔들리는 가지 끝에서 나뭇잎들은
비질하는 소리를 내고 있다
숲은 금세 비질하는 소리로 가득차 버린다

기억 속에 있는 많은 것들이 그 소리에
지워진다
투명해진 숲을 바라본다
이미
산은 내 안에 들어와 있다.

* 1,071m, 강원도 삼척시 신기면 소재.

달항아리
— 국보 제310호 백자대호白磁大壺

삼베보자기에 눌러 빚은
토종두부의 낯빛

주발에 수북이 퍼 담은
따끈한 햅쌀밥
한 그릇

아니, 날갯깃 한쪽을
뚝!
떨구는
옥양목 빛깔의
백목련 한 송이.

하늘길 잠적潛跡

정 신 을 잃 는 다

경계를 따라 낮게 돌담을 쌓아놓은
시골집의 뒷마당에서
그 뒷마당의 훌륭한 배경이 되고 있는 계곡을 올려보다가
유별나게도 붉은 잎으로 나의 눈길을 붙잡는 엄나무
그 엄나무를 바라보다가
엄나무 잎들을 빨갛게 달구어 놓은 햇살을 느껴보다가
그 햇살이 가득한 가을 하늘을 망연히 올려보다가
끝도 없이 깊고 푸른
그곳으로

정 신 을 잃 는 다.

강경들녘 폭염

끝도 없이 펼쳐진
한여름 강경들녘

곧 깨어져 쏟아질
적막寂寞이다

그 한가운데를 예리하게
칼질하며 날아가는 제비

이 적막을 두 토막으로
조각내고

정류장 전봇대에 붙어
자지러지는 매미

그저 적막寂寞을
더할 뿐.

나를 오른다

매일같이 내 속에는 자꾸 山이 생긴다
오르고 싶다고 생각만 하면
금세 山이 또 하나 쑥 솟아오른다
내 안은 그런 山으로 꽉 차있다
갈곶산, 육백산, 깃대배기봉, 만월산, 운수봉…
그래서 내안은 비좁다
비좁아져 버린 나를 위해 山을 오른다
나를 오른다
간간이 붙어있는 표식기를 찾아가며
나의 복숭아 뼈에서
터져 나갈 것 같은 장딴지를 거쳐 무릎뼈로
무릎뼈에서 허벅지를 지나 허리로
그리고 어렵게 등뼈를 타고 올라 나의 영혼에까지
더 높고 거친 나를 찾아 오른다
기진맥진 나를 오르고 나면
내 안의 山들은
하나씩 둘씩 작아지며 무너져 버린다
이제 나는
오르고 싶다는 생각을 지울 수 있다
나를 비울 수 있다.

환생還生
— 안데스 1

폴리쉬빙하의 설벽은 밤새 불어댄 눈보라에 한겨울 광목 빨래처럼 하얗게 얼어붙어 있었다. 두 명의 공격조는 빙하 중단 세락*지대의 테라스나 크레바스의 틈새에서 이 눈보라를 견뎠을 것이다. 새벽의 여명이 설벽 그 깊숙한 곳으로 푸르고 그리고 투명하게 천천히 스미고 있었다. 설벽을 올려다보며 공격조의 생존을 확인하려는 나의 눈빛도 밤새 숨도 못 쉴 것 같던 가슴도 날카로운 유리조각처럼 위태롭게 얼어붙어 있었다. 순간 순백색 빨래에 묻은 검은 티만 한 그들의 움직임이 포착되었다. 그들의 저 미미한 동작이 이 거대한 山 전체를 순간 되살려 내고 있었다.

* Serac, 빙하의 크레바스(갈라진 틈)에 의해 생긴 탑 모양의 얼음덩이 일명 빙탑氷塔이라고 함.

바다
— 안데스 2

깊은 바다 속이었다. 빙벽용 피켈과 오른발의 아이젠만으로 하산 중에 만난 청빙구간. 추락의 공포보다는 뱃전에서 깊은 바다를 내려다보던 두려움의 기억으로 설벽을 향한 내 얼굴 앞에 나타난 청빙 그 안쪽 깊숙한 곳. 깊이를 알 수 없는 빙하의 길고 긴 세월 그 너머. 한 동작의 실수면 수 백 미터 아래의 동빙하 계곡으로 날아가 버릴 설벽의 한 가운데-그곳에서 마주친 바다.

고향故鄕
— 안데스 12

"꼭 허리띠를 맨 것 같아!"라고 얘기하곤 했던 대관령大關嶺 올라가는 굽이길, 바위 틈새마다 작은 소나무들을 멋지게 꽂고 서있던 뼝대라 부르던 절벽, 탄광의 입구가 되어버린 늘 사태가 나던 장작골 넘어가는 들이봉 산허리 너덜지대, 딱딱해 팔매질꺼리밖에 안되던 흙담에 붙어살던 돌배나무, 화려한 꽃문양의 물뱀이 나를 숨가쁘게 유혹하던 목다리 아래 물웅덩이, 뒷마당 굴뚝 옆에서 뽀얗게 나이 먹은 흙벽처럼 삭아가던 고무신짝, 마구간 옆 깨진 독에 따로 모아두었던 푹 삭은 오줌 빛깔, 상목橡木 껍데기 같은 등짝을 가졌던 두꺼비, 일본사람같이 언제나 머리를 빡빡 깎으셨던 외할아버지, 궁금해 수시로 들쳐보았던 촌스러운 자수刺繡가 놓인 보자기가 덮였던 작은 점심상, 얼음을 부셔놓았다고 고집 부렸던 겨울 밤하늘.

이렇게 고향은 깊은 밤 두렵고 어두운 산속처럼 나의 모든 것이 숨겨져 있는 곳 새벽의 여명 속에 어렴풋하지만 겹겹이 끝도 없이 드러나는 산자락 같은 내안에 나를 불러내는 내 전생前生같은 山 — 그리움의 안데스Andes.

한이나

1994년 《현대시학》에 시를 발표하며 작품 활동을 시작했다. 시집으로 『물빛 식탁』, 『플로리안 카페에서 쓴 편지』, 『유리 자화상』, 『첩첩단풍 속』, 『능엄경 밖으로 사흘 가출』, 『귀여리 시집』, 『가끔은 조율이 필요하다』 7권이 있으며, 시선집 『알맞은 그늘이 내가 될 때』가 있다. 서울문예상 대상, 한국시문학상, 대한민국시인상 대상, 영축문학상, 내륙문학상을 수상했다. 현재 한국 시인협회 이사로 있다

번개 낙관

구름무늬 한지에 문장을 다 써도
붉은 낙관 하나
차마 찍지 못한다

저 구부러진 글자들의 살아 숨쉬는 소리가
귀에 들리지 않는다
글자의 살갗 위 혈관이 만져지지 않는다
글자의 뿌리 그 뼛속 사무침도 보이지 않는다
구름무늬 한지의 먹빛 문장
궁서체 한 호흡만큼
울음의 구름장 너머 저편이
어둠보다 깊고 멀다

마음의 바닥에서 울려오는 비명소리
그 번개 낙관을
한밤내 기다렸다

어머니와 재봉틀

밤새워 재봉틀 돌리는 소리가
미닫이문 사이
귓바퀴에 감겨 이명처럼
울린다 재봉의 박음질이 만들어 낸 길을
타박타박 걷고 있다
반평생을 그 소리 듣고 있다

비 오는 날 남새 텃밭도 작파하시고
어머니 재봉틀 앞에 경經 읽듯 앉아
온 맘 온 힘을 보태 한 땀 한 땀
삼베조각보자기 요호청 베개보 무시로 길을 만든다
키도 살도 뼈도 조금씩 무너져 주저앉고 마는
여자의 한 생애가
빗소리 재봉틀 바퀴살에 실려 돌아간다
내 꿈길에도 재봉틀 밟는 소리 들린다

지구를 몇 바퀴 돌리고도 남을 어머니가 만든
박음질 그 길
구석진 세상 곳곳의 길 위에 나는 서 있다
장승처럼 때로는 천불천탑처럼

에코 브릿지

지리산 뱀사골 성삼재 가는 길에
에코 브릿지, 불립문자不立文字 같다

이심전심
문자나 말을 하지 않고도

야생동물들은 다 안다
끊겨 없던 길에 새로 길이 생겼다는 것을

알고도 모르는 척
우레를 피해 다니다 보면
내 몸이 사는 길이 된다

나의 길은 철도나 하천을 따라가는, 선형이었을까
산과 산을 잇는, 육교형이었을까
산을 뚫는, 터널형이었을까

교량을 흙으로 덮고 나무를 심은
하얀 거짓말 같은 길
허공의 야생통로,

길이 산이 되어 첩첩단풍 속 나 아직도 오르고 있는 중

\> 상수리나무 아래 도토리 한 알로

물빛 식탁

그녀가 물의 정원 나무 그늘에 식탁을 차렸다
눈앞 강물이 반짝이고 풀밭은 초록의 그림자
우리만 나이를 한참 먹었다

진심을 차린 우리들의 싱싱한 식탁
찰진 이야기 술술 풀려나오는
물빛 사월 만찬인 듯

오늘 하루 나를 낭비하지 않기로 했다
너무 힘껏 살지 않기로 했다

계단이 없는 평평한 물의 정원 저 푸른 그림자의 풀밭
나무 그늘에 누워 하늘을 독차지한 게
오늘 내 전부
아무도 슬프지 않아 지루한 내 생의 정점

그림자의 그림자인 내가 웃는다
죽은 친구는 저승 벌판 헤매느라 오지 못하고
오래 펄럭였던 얘기 한 줌 바람으로 정결했다

알맞은 그늘이 내가 될 때

　삼십 년 된 목백합 한 그루가 창을 가린다

　내가 오두마니 앉아있는 그늘의 집에 그가 낮에도 불을 켜라고 성화다 그는 조금의 어둠도 참지 못하고 불을 켜는 사람, 나에겐 불 밝혀 어둠을 몰아내는 그가 있다 그늘에 상주하는 내가 있다

　나는 녹색의 장원에 꽁꽁 숨어 등뼈가 굽었다 푸른 그늘로 뒤덮여 조금은 어둡고 침울한 집, 환한 햇살에 칸칸이 슬픔을 알몸으로 내보이지 않아서 좋다

　알맞은 그늘이 내가 될 때

　불운도 시샘 안 하고 비껴갈 푸른 잎사귀 그늘의 집, 행여 뼛속 저 깊은 곳 또아리 튼 슬픔이 도질까

　세상과 대적하지 않고 창 밖 숲속 쪽문을 가만히 연다 내 안의 다른 행간을 풀어 읽는다

　나에겐 어둠을 내쫓는 그가 있고 그늘을 찾아 앉는 내가 있다

침향

물에 묻은 나무
천 년 흘러 어둠빛 향으로 고이더니
다시 숨을 쉰다

죽었던 나무의 몸에서 피가 돌아
목숨을 싹 틔우는
환생의
베어진 향솔 상처의 저 생살,

꿈꾸며 견뎌온 물속의 시간과 향기의 시간을
몸에 새겨진 물의 지도를
가물거리는 기억의 한 끝을 붙잡고, 천신만고

머무는 꽃도 새도 바람도
물의 지도에 추억물결무늬 영혼의 향기를 보탠다

살아있는 것들은 따듯하다

청호반새, 저 꽃잎

늦사월 청호반새가 산목련 흰 꽃잎을

바위에 떨어뜨렸다

꽃의 살점이 바위를 뚫어

새긴,

문자향

한참 들여다보니

바위의 온몸이 눈이고 귀였다

입이고 마음이었다

내 안 고요함의 바위에서 빠져나가는 새의

저

날갯소리

석양 무렵 여름

다 소모된 쓸쓸을 들키다

고독으로 죽음에 이르는 시간은 몇 시인지
청록의 갈매나무 잎 같은 말도 없이
다정한 눈잣나무 같은 눈빛도 없이

기억이 사라질 때 진짜 죽는 것이라면
하루에 한 번 네 이름 불러 주고 싶다
그러면 빛의 속도로 산과 벽을
관통하여 이생으로 오겠니

한 사람의 생을 허공으로 날려 보낸다
쓰러진 자리 곡선이 무덤이 된다
누군가에게 자신을 바치지도 못한 캄캄한 반 그림자
그늘 속에 들지도 못하고, 다른 세상
서쪽으로 저를 옮기는 발자국

누설되지 않은 책의 비밀을 덮은 몸, 온기 묻은 재를 뿌
린다
 땅으로 하얗게 **뼈**의 슬픔이 스며들어
 서릿길 완성되는 생生

\>
저리며 눈부시다

* 독신이었던 시동생의 죽음 앞

거대한 달력의 저쪽

계단으로 된 달력을 본 적이 있다

365일을 동서남북 사면 계단으로 쌓아 올린
마야인의 피라미드 체첸잇차
추분이나 하지에 멕시코 가면
햇빛에 따라 세 시간 더딘 걸음으로 내려오는
날개 달린 뱀 쿠클칸 그림자를 볼 수 있다
신전 앞에서 박수를 치면
신성한 새 케찰의 우는 소리도 들을 수 있다

인신공양 제물 된 젊은 피, 영혼의 속울음일까

널찍한 돌 위엔 옆 경기장 건장한 우승 남자의
뛰는 심장이 바쳐지고
초경도 하지 않은 앳된 소녀의 목을 바친
피 한 사발

흘러내린 피가 뱀이 되어
용솟음치는 조각으로 제단 신전에 새겨져 있지

내가 오르다가 멈추어 선 계단 한가운데서
시작도 멸망도 수수께끼인

하루아침에 자취 감춘 마야의 천 년 달력
숫자를 세어 보다가 시간을 잃어버리다

0의 발견이다 나는 빈 자리, 새로 탄생할 별 하나다

뭇별 총총

설핏 초가을 짧은 해 기울 때
대나무숲 나무계단 숨가쁘게 올라 만난
경주 남산 할매 부처

천 년 돌 속에 들어앉아

울고 웃던 살아온 얘기에 귀 기울이며
끄덕여 보듬어 주시는,
더러 비바람과 번개와 우레

세상의 맵고 쓴맛 그래도 버텨온 것은

산중 감실에서 두 손 모아 무사를 빌었을
당신 덕분이 아니었을까요

신라의 저녁 하늘가
붉은 근심 시간의 저 새털구름장들
할매 부처의 따스한 기도발 실타래처럼 이어져
오늘 어둠빛 하늘 비 갠 듯 말끔했으면

은하수 너머 뭇별들 웃으며 총총

고영섭

1989년 『시혁명』, 1995년 『시천지』를 통해 작품 활동을 시작했으며, 1998~1999년 『문학과 창작』 신인 추천을 완료했다. 2016년 『시와 세계』를 통해 평론으로 등단했다. 시집으로 『몸이라는 화두』, 『흐르는 물의 선정』, 『황금동에 대한 삼매』, 『바람과 달빛 아래 흘러간 시』, 『사랑의 지도』가 있으며, 평론집으로 『한 젊은 문학자의 초상』이 있다. 제21회 현대불교문학상(2016), 제16회 한국시문학상(2016), 제16회 이상시문학상(2023)을 수상했다.

사랑의 지도
— 한글날에

호박꽃이 아이처럼 입을 벌리고

한글 자모 외는 노래 부르는 사이

사랑의 향기 찾는 벌 한 마리가

아이의 목젖 너머 성대 속으로 날아 들어가는.

연결되어 있네

너와 나의 뿌리와 가지 또 줄기

끊임없이 끝없이 연결되어 있네

우리와 그들 또 다들 모두들

점으로 선으로 이어져 있네

찰나의 순간 순간 생멸하면서

수많은 면과 입체로 맞물려 있네

꼬리에 꼬리 물고 물어가면서

뫼비우스 띠 따라 가열되는 지구

아아, 기후 위기에 어찌 해야 할까

활짝 깨어 선한 몸짓으로 살아갈 밖에.

마침내
— 대지

정상만 바라보며 산을 오르다

일순간 그 목표를 놓아버리자

마침내

다다른 저 정상 너머의 정상.

처서
— 더위가 그치는

익힐 대로 익힌 더위 속에서

차가운 기운이 막 올라오는 날

땅에선 귀뚜라미 등 업혀 오고

하늘에선 뭉게구름 타고 오는 날

입추와 백로 사이 머무르면서

신선한 가을을 열어 젖는 날

허공을 제 집으로 삼아 노닐던

모기의 날랜 입도 **삐뚤**어지는 날.

사경가 寫經歌
― 현대향가 12

세 번을 절하고 한 글자 쓰나니

주루룩 흘러내리는 업장의 먹물

먹물 아래 솟아난 온몸의 대장경

알알이 전해오는 말씀의 향기.

동치미

흰 눈이 소용돌이로 휘몰아치다

잦아드는 풍경 보며 아침을 든다

새해 떡국 한 숟가락 잎에 옮긴 뒤

소금물에 절여진 동치미 한 조각

베어 먹는 순간 매어 나오는 아아

맛없는 맛 무쇠 씹는 맛 화두의 맛

앎의 갖은 분별 녹여 숙성시켜 낸

삶의 온갖 신산 삭혀 발효시켜 낸.

절창 絶唱

화살은 시위를 떠나
몰현금沒絃琴의 여운만 남겨둔 채
마지막 안간힘을 다해
필사必死의 힘으로 달려간다

눈에 비늘을 쓴 채
허방에 쏘았던
무수한 노래의 화살들
오늘 내 살 촉에 맞은 해가

세 발 달린 까마귀의
눈빛으로 되살아나
돋보기의 촛점 안에서
삶의 무늬를 그리는 순간

정곡正鵠의 도가니에
온몸을 던져버린
화살의 전 생애
나는 이미 없다.

화불
— 그림으로 그리는 경전

들숨 길게 들이쉬고 날숨 멈춘 채

한 획에 일 만 획을 꼭꼭 머금고

땀이 뚝뚝 떨어지는 모본 위 종이에

그림으로 써내려간 법신불 한 폭.

벚꽃 사리

겨우내 풍찬노숙風餐露宿 이겨내면서

무쇠 씹는 마음으로 들었던 화두

맛이 없는 참맛을 음미하면서

거세게 몰아치던 내면 속의 힘

화두 그 끝자락의 벼랑 끝에서

천지간에 터트린 벚꽃 화엄경

그 끝에서 솟아오른 버찌 사리들

나는 오늘 벚꽃 터널 속을 걸으며

떨어지는 꽃잎 뒤의 선경禪經을 보네

꽃잎 너머 올라오는 새싹을 보네.

하루

수탉 한 마리가 뚜뚜 뚜뚜 뚜우우

수동정사 너머로 새벽을 알리오

저 너머 마을에선 또 다른 수탉이

뚜뚜 뚜뚜 뚜우우하고 아침을 여오.

이나명

1994년에 《현대시학》으로 등단하였다. 시집으로 『금빛새벽』, 『중심이푸르다』, 『그 나무는 새들을 품고 있다』, 『왜가리는 왜 몸이 가벼운가』, 『조그만 호두나무상자』 등이 있다. 1995년 대산창작기금, 문예진흥기금, 2003년 경기문화재단기금을 받았고, 2021년 문학나눔선정의 수혜를 받았다. 2007년 한국시문학상을 수상하였고 〈시천지〉 동인으로 활동하고 있다.

구름신발

죽은 사람이 산 사람을 만나러 오기도 하나요
한 생에 흘린 눈물이 한 방울 한 방울 놓인 징검다리가 되나요
그렇게 산 사람이 죽은 사람을 만나러 가기도 하나요
발갛게 피가 도는 구름신발을 신고 겅중겅중 서쪽 하늘 길을 건너서
만나고 또 헤어지나요
가슴에 고인 눈물은 하늘 길에 올라 뭉게뭉게 구름이 되고
다시 유리창을 통과 해 집에 돌아 오나요
돌아 와 잠이 들면 모두 꿈이 되나요
죽은 사람과 산 사람이 만나는 꿈의 길이 되나요
잠귀에 들리는 그의 발자국 소리는 발갛게 피가 돌고
죽어서도 살아 있나요
우리 함께 살고 있나요

눈이 온다 2

지상을 날아 오른 그 많은 죽은 새들이
하늘에 올라서도 털갈이 하는지 펄펄 날리는 깃털들
공중으로 하얗게 날아 내린다
죽어서도 하늘구름속에 모여모여 살다가 이렇게 한꺼번에
털갈이를 하는지 지상으로 날아내리는 깃털들
우산 없이 밖으로 나가면 온 몸에 하얗게 달라 붙는다
머리 어깨 팔 발등으로 소복히 받으며 걷고 있노라면
아 따뜻해 손바닥으로 금방 녹아 스며드네
그대가 오른 하늘세상은 이렇게 하얗고 따스하고 고요한 거야?
말 한 마디 못하고 가서 답답했던 그대 가슴속을 이렇게 한꺼번에 쏟아 내는거야?
눈 송이 송이마다 그 말들 다 담아 보내는거야?
깃털처럼 가벼워 졌다고 더 이상 아프지 않다고 이제는
아플 일 하나도 없다고
너도 아프지 말라고

忌日

그대가 오고 있다
구불텅 구불텅한 세상 길
내가 이 만큼 마중 가고 그대가 저 만큼 와서
손을 흔든다
흔들흔들 흔들리는 세상길
그대가 오고 있다
그동안 어디서 무얼 하다 오는건지 거기 그 만큼 서서
그대가 웃고 있다

네모난 유리벽 속에서 배어 나오는
소리없는 소리 그대의 웃음 소리
내 귀에 분명히 들리는 소리
방금 도착했다고 다 괜찮다고
여기가 거기라고
한 상 가득 차려놓은 밥상위로 쏟아내는 따뜻한 소리

  자 이제 밥 먹자고 갖가지 술 안주에 약주도 한 잔 과일도 한 접시
  뜨거운 커피도 훌훌 불어 마시고 달달한 쵸콜렛도 혀 위에다 스르르
  녹여 먹으며
  자 이제 배가 부르니

저 유리창 밖 달빛 환한 세상으로 우리 배웅 나갈까

그대가 가고 있다
자드락 자드락 달빛 밟는 소리 자욱한 자드락 길
거기가 여기라고
저 앞에
뒷태가 환한
그대가 가고 있다

느티나무 그림자

거기 느티나무 한 그루 서 있다
키도 크고 참 잘 생겼다
지나가는 사람들마다 눈을 높여 올려다 보거나
나무 기둥을 끌어 안아 보거나 쓰다듬어 보거나
떨어진 나뭇잎들 사분사분 밟아 보거나

느티나무가 펼쳐놓은 그림자 그 넉넉한 품속으로 걸어들어 간다

그림자는 그림자를 부르고
그림자 속에는 그림자들이 모이고
그림자로 살아 온 그림자는 때가 되면 뽈뽈이
사라지고

어딘가로 사라진 보이지 않는 그림자들을 모두
품어 안고 있는 느티나무 한 그루 그 넉넉한 품속

거기 느티나무 한 그루 서 있다

모든 날들이

당신을 보러 가는 날
내 가슴속으로 덜커덩덜커덩
전철이 지나갔습니다

당신을 보러 가는 날
전철 속 빈자리가 당신의 웃음처럼
환했습니다

당신을 보러 가는 날
지나치는 역마다 창밖에 당신이 서 있었습니다

당신을 보러 가는 날
마침내 내가 내린 전철역에서 손을 흔들고 서 있는
당신을 보았습니다

그리하여
당신을 보러 가는 날
내 가슴속으로 덜커덩거리며 지나가는 모든 날들이
당신을 보러 가는 날이었습니다

아니 당신!

　소슬한 바람이 조금 열린 창문 틈으로 들어왔습니다
　지난가을에 세상 떠난 사람이 이렇게 안 보이는 모습으로도 와서
　내 어깨를 쓸쓸쓸 쓸어주고 싶었나 봅니다
　그렇게 집안에 들어와서 거실의 안락의자며 식탁 앞에도 앉아보고
　안방 침대며 티브이 앞에 앉아서 리모컨도 만지작거리고 탁자 위의
　메모장에 안 보이는 메모라도 적어놓고 싶었나 봅니다
　남겨놓은 약 봉투에 남은 약을 들여다보고는 깊은 한숨을 내 쉬고는
　아, 아직도 숨이 쉬어지네! 안심했는지도 모릅니다
　내가 볼 수 있는 한계점 밖에서만 서성거리다 내가 볼 수 없는 틈만 나면
　바람의 손길로 와 툭툭 머리를 건드리곤 합니다
　아무리 해도 아주 갈 수는 없었나 봅니다
　그건 내 탓이겠지요 물론 내 탓이예요
　나도 모르게 내가 자꾸만 그를 부르는 소리를 들었겠지요
　그러니까 가려다 오고 다시 가려다 오곤 하는 거겠지요
　저녁 해가 마지막 가쁜 숨을 내쉬고는 서쪽 하늘 아래로 아주 넘어가듯이
　그렇게는 안 되었겠지요

밤이 오면 어둠으로 달이 뜨면 달빛으로 총총한 별들 속에서도 유독 깜빡이는 별의 모습으로 당신 존재를 보여주고 싶었겠지요
 그러니까 그는 어디에 있든 나를 안타깝게 바라보며 나 또한 당신을 보게
 하려고 애를 썼었나 봅니다
 이젠 정말 놀랍게도 나는 도처에서 그를 볼 수 있게 되었으니 말입니다
 베란다에 나가 행복나무가지 끝에 새로 돋아나온 잎사귀 한 잎을 소중히 만져봅니다 아주 가냘프고 부드러운 그의 손이 만져집니다
 아니 당신! 이제는 이렇게 파란 잎도 피울 수 있는거야?
 저기 제라니움 꽃봉오리도 이제 막 벙글어 놓았네
 쉿! 지금 여기에 그가 와 있어요

슬픈 꿈

새벽녘
낮은 브록크 담장 위에서 고양이가 엎드려 자고 있다
잔뜩 웅크린 등어리에 물방울들이 총총히 맺혀 있다
밤새도록 슬픈 꿈을 꾸고 있었나 보다
잠 속으로 찾아온 누군가 막무가내 그를 붙들고
놓아주지 않았나 보다
꿈으로 환생하여 찾아올 수 밖에 없었나 보다
꿈꾸는 이의 옷깃에 눈물 흠뻑 받아낼 수 밖에 없었나 보다
그는 잔뜩 오그린 오금을 펴지도 못하고 꼼짝없이 엎드려
용서를 빌 수 밖에 없었나 보다
무슨 잘못을 했기에
도대체 왜 그리 용서가 안되는 것일까
전생의 더 더 전생의 어떤 죄가 있어 여태
사해지지 않는 것일까
용서 받지 못하는 것일까
아예 꿈속으로 들어 가 저리 엎드려 버린 것일까
날이 점점 밝아오는 줄도 모르고
꿈 밖으로 나오기만 하면 다 사라지는 줄도 모르고
도무지 일어날 줄 모르는 그를 단박에
깨워 일으키고 싶다

울음열쇠

새가 날아 왔어
자주 울어서 울새라고 해
남이 만들어놓은 나무구멍속에 마른 나뭇잎을 깔고 살기도 해
구멍속에 긴 나뭇가지를 집어넣으면 울음열쇠를 꺼낼수도 있어
울음이 꽉 차서 목이 메일때면 울새가 와서 대신 울어주기도 해
울 수 있는 건 네 안에 맑은 영혼이 살고있기 때문이야
울기만 하겠니? 웃기도 하지 마음껏 웃어보는 거지
때론 웃음소리가 맑은 울음소리로 들리기도 해
그건 바로 네 안의 영혼이 빛을 발하기 때문이지
검은 나무구멍속에 예쁜 울새가 사는거와 같아
당신이 내 안에 몰래 들어와 숨어있는 열쇠를 찾아내는 건
당신이 바로 금빛 열쇠이기 때문이야
나의 소중한 열쇠 나를 환히 열어주는 열쇠
그걸 사랑이라고 한다는군

이슬방울 세상

이 아침에 조르르 맺힌 풀잎 이슬들 저
영롱한 눈망울들이 저마다 똘망똘망 생각을 굴리고 있다
제 안의 세상을 투명하게 내 비치고 있다
오묘한 색과 모양으로 빚어진 세상
온갖 풀과 나무와 꽃들이 피고 지고 잠자리가 왕눈을 굴리고
꿀벌이 잉잉대고 나비가 팔랑거리고 메뚜기가 뛰고 새들이 훨훨
날아가는 이슬방울 세상 그렇게 한 세상 품고 드넓은 하늘을
향해 발돋움하고 있다
잠시 아름다웠던 세상 이제 금방 스러질 세상
맑은 물 한 방울에 담아 조금씩조금씩 발을 떼고 있다
저 눈부신 해를 향해 햇빛속으로 온 몸을 들어 올리고 있다
승천하고 있다

저녁이 지나가네

벚꽃 피고 벚꽃 지고 지금은
버찌가 익어가는 계절
저녁이 지나가네
검푸르게 물든 버찌의 저녁이 지나가네
그대 오고 그대 가고 가만 가만
버찌가 익었네
검푸르게 익은 저녁이 지나가네
종일 무거워진 나를 떠 안고
아주 가벼히
저녁이 지나가네
검푸르게 익은 버찌의 저녁을 떠 안고
내가 지나가네
다만 지나가네

해설

〈시천지〉동인 31년을 돌아보며
― 하늘과 땅이 어우러진 시를 위하여

진영대 시인

〈시천지〉동인 31년을 돌아보며
— 하늘과 땅이 어우러진 시를 위하여

진영대 시인

　〈시천지〉는 '하늘과 땅이 어우러진 시', '좋은 시가 천지인 세상'을 꿈꾸며 만난 지 31년이 지났습니다. 1994년 10월 〈시천지〉라는 당호를 걸고 가족을 이룬 후 한 세대를 살아온 셈입니다. 〈시천지〉 9집 부록에 나와 있는 '동인의 연보'를 보면 〈시천지〉는 1990년대 문단의 현실을 반성하고 "문학사적 의미를 지닌 시인의 결사체를 만들자"라는 뜻으로 상희구, 이나명, 노명순, 윤정구, 한이나, 최영규, 김성오, 고영섭 등 8명의 시인이 1994년 10월 첫 모임을 하였다고 했습니다. 그 후 진영대, 서주석, 김영교, 오석륜, 박수빈 시인이 각각 참여하여 현재에 이르고 있습니다. 든 사람이 있으면 난 사람도 있기 마련이라 한 세대를 건너오는 동안 〈시천지〉에도 이런저런 대소사가 없었던 것은 아닙니다. 불의의 교통사고로 아쉽게 이승을 먼저 떠난 노명순 시인, 미국 남단 해변의 오지마을로 생활 터전을 옮긴 김성오 시인, 개인적 사정으로 잠시 활동을 쉬고 있는 김영교 시인이 이 자리에 함께하지 못한 아쉬움이 있습니다. 이 자리를 함께하지 못했다고 해서 가족이 아닐 수는 없습니다. 한결같은 마음으로 30년을 동행했다는 것으로 충분히 〈시천지〉는 한국 시문학사에서 그 성과를 이루었다고 생각합니다.

한국 시문학사에서 1980년대가 현실 참여와 민중시의 황금기였다면 〈시천지〉가 태동한 1990년대는 1980년대의 거대한 집단적 사고에서 벗어나 개인의 내면과 언어의 가능성을 탐구하기 시작한 전환기의 문학으로 평가할 수 있습니다. 개인적 경험, 사소한 감각, 일상적 정서를 시의 영역으로 받아들이게 되었고 이에 적합한 여성 시인들의 부상은 당연한 결과였습니다. 이런 문단의 현실을 반성하고 시대에 적응하기 위해 "문학사적 의미를 지닌 시인의 결사체를 만들자"라는 뜻을 모아 만들어진 〈시천지〉가 문학적 지향이나 이념보다 '함께 걷는'데 방점을 두었다는 것은 시대의 요구였다고 생각합니다. 그런 면에서 〈시천지〉는 엄격한 의미의 문학동인이라기보다 시인들의 모임인 문학회에 가까울 수 있습니다. 그러나 1990년대의 문학이 집단적 사고에서 벗어나 개인의 내면과 일상의 정서를 중시했던 시대적 배경을 이해한다면 그 의미가 축소될 필요는 없습니다. 문학의 지향을 위해 결성된 동인은 필연적으로 일회성이거나 목적을 상실하면 해체되는 데 비해 〈시천지〉는 한결같은 마음으로 회원의 이탈 없이 30년을 함께했다는 것으로도 그 의미가 충분하다고 생각합니다. 그런 면에서 〈시천지〉는

'하늘과 땅이 어우러진 시', '좋은 시가 천지인 세상'을 만드는 꿈을 어느 정도 이루었다고 감히 자평합니다.

　필자는 〈시천지〉 30년의 문학사적 역사와 성과에 대해 조명해보려는 의도로 원고 청탁을 승낙했습니다. 그러나 저의 능력이 부족함을 깨닫는 데는 오랜 시간이 필요하지 않았습니다. 사랑하는 가족에 대한 객관적인 평가는 애초에 불가능한 일임을 알았기 때문입니다. 고민 끝에 결국 오래된 가족사진을 꺼내 보는 마음으로 우리 〈시천지〉 가족의 소소한 일상, 추억담, 고백 등으로 이 글을 채우려고 합니다.

　　햇빛의 길을 보았니

　　일 초에 백만 리를 달리는
　　억만리 허공의 곧고 투명한 길을 달려와

　　흙을 만나면 흙속으로 들어가 싹 틔우고
　　나무나 풀을 만나면 그 속으로 들어가 꽃 피우는

　　눈부신 흰 말들

　　그중의 한 마리 말이 환생하여
　　잠시 피어난 꽃다지인 내가 무엇을 말할 수 있겠니

　　돌밭둑이라도

기쁘게 피었다 갈 뿐이야

바람 속에 끄덕이는
한 뼘 꽃다지
— 윤정구, 「꽃다지에게」 전문

윤정구 시인은 시인으로 만나기 이전부터 연이 닿을 수 있었던 아슬아슬한 기회가 몇 번 있습니다. 시인이 1994년 현대시학으로 등단할 당시 필자도 같은 지면으로 등단할 뻔(?)했던 기회가 있었습니다. 그랬다면 시인과 등단 동기(?)가 되었을지 모르는 인연이 그렇고, 시인이 젊은 시절 데이트를 주로 했던 장소가 필자가 살던 고향의 강둑이었다는 것이 그렇습니다. 같은 공간을 서로 다른 추억 속에서 공유했다는 사실은 묘한 긴장감을 느끼게 했습니다.

〈시천지〉 모임 때마다 일일이 선물을 챙겨주던 시인의 따듯함을 잊을 수 없습니다. 윤정구 시인은 보이지 않게 식구들을 챙겨주던 소년가장 같은 〈시천지〉의 맏형이기도 합니다. 윤정구 시인의 시에서 알 수 있듯 시인은 성실과 배려, 겸손이 몸에 밴 사람입니다. 누구나 아는 큰 제약회사의 임원을 지낸 시인은 시뿐만 아니라 사회적으로도 성공한 사람입니다. 그런데도 항상 자신의 몸을 낮은 곳에 위치하려는 삶의 철학은 위의 인용시에서도 잘 나타나 있습니다. 밭둑에 잠시 피어난 꽃다지를 자신에 비유하여 '돌밭 둑이라도/기쁘게 피었다 갈 뿐이'라고 합니다. '잠시 피어난 꽃다지인 내가 무엇을 말할 수 있겠'냐고 하지만 시인은 우리 문단에서 보기 드물게 성실하고 부지런한 사람입니다. 시인의 부채시는 이미 문단 안팎으로 유명합니다. 그가 서예를 시작하고 몇 년 지났을 즈음 시인이 했던 말을 기억합니다. 거의 매일 도서관에 나가 서예에 매진할 당시 너무 한곳으로 빠져드는 것 같아 은근 걱정돼서 그 정도면 충분하지 않냐고 물었던 것 같습니다. 그때 시인은 취미도 재미를 붙이려면 최소한 일만 시간의 노력이 필요하다 했습니다. 소위 '일만 시간의 법칙'에 대해 설명하던 시인의 그 진지함에 크게 부끄러움을 느꼈던 기억이 있습니다. 자신의 몸은 꽃다지처럼 낮추되 그 내면은 단단하고 뜻이 높음을 보고 경외하지 않을 수 없었습니다.

    내가 깨문 대추 한 알 속
    그 달큰한 과육 속
    대추벌레 한 마리 꿈틀했다

    그렇게 나는 네 몸을 보았다
    허옇게 살찐 대추 벌레의 몸으로
    흰 이빨 딱딱 벌리며
    내 속을 파고드는
    막무가내 씹어대는 너의 입질을 느꼈다
    너에게 살뜰히 먹히고 있는
    점점 네 속으로 들어가고 있는 내 몸을 보았다
    여지없이
    썩어 문드러질 내 몸이 통통한
    사랑 한 마리로 자라고 있는 걸 보았다

> 내가 깨문 대추 한 알 속
> 그 향긋한 과육 속
> 사랑 벌레 한 마리 꿈틀했다
> — 이나명, 「사랑 벌레」 전문

우리는 교복 세대입니다. 교복은 부러움의 대상이었고 조금 도도해 보여도 용서가 되는 사회적 약속이 존재하던 시대가 있었습니다. 시인을 볼 때마다 흰색 카라의 교복이 잘 어울리는 시인이라고 생각했습니다. 더러 새침해도 용서될 수 있겠다고 생각했습니다.

시에서 꺼리는 시어 중 하나가 사랑이라고 합니다. 자칫 시가 유치해지거나 관념적이기 쉽기 때문입니다. 그런데도 사랑과 벌레가 유치함도 징그러움도 없이 이처럼 담백하게 어울릴 수 있다니! 이나명 시인이 아니면 가능하지 않은 일입니다. 맑고 투명한 마음을 가진 사람은 벌레도 아름답게 하고 사랑도 유치하지 않게 하는 비법이 따로 있나 봅니다. 그동안 시인 앞에서 주눅이 들었던 이유를 알 것 같습니다. 담백함과 달관한 자의 여유 앞에선 누구도 함부로 까불지 못하게 하는 힘이 있습니다.

실제로 시인은 명리학에도 매우 밝습니다. 한때 주변 시인들에게 재미 삼아 사주풀이를 해주던 때가 잠시 있었습니다. 그때도 나는 시인 앞에 사주를 내밀지 못했습니다. 불길한 사주를 받아들 것이 두려웠기 때문입니다. 훤히 속을 들여다보고 있는 것 같아 저절로 주눅이 들었던 모양입니다. 그랬던 시인이 얼마 전 모임에서 사주 얘기가 나오자 손사래를 쳤습니다. 시인이 써준 사주를 아직 간직하고 있다는 최영규 시인에게 모두 헛말이라며 당장에 버리라고 하던 때의 단호함을 기억합니다. 깨달은 자가 할 수 있는 확신 같은 것이었습니다. 그럴수록 더욱 시인에게 길을 물어보고 싶다는 생각이 크게 들었지만, 그때도 용기를 내지 못했습니다. 아직도 나는 나의 앞날이 두려운 것입니다. 이처럼 이나명 시인은 〈시천지〉의 자애로운 어머니로 존재하는 분으로 항상 의지하고 존경합니다.

> 누군가 빨간 수박 반쪽을 먹다가
> 서산 골짜기 위에 걸쳐놓았다
> 참 달디 달게 생겼다
> 마침 갈증이 나던 차에
> 아삭아삭 단물 흘리며 마저 먹어 버리려고
> 손을 뻗어 수박을 집으려는 순간
> 어두운 하늘이
> 나보다 먼저 순식간에 먹어치워 버린다
> 먹으며 흘린 수박물만 서산 위에 붉게 젖는가 했더니
> 곧 말라버린다 깜깜한 어둠이다
> 더욱 목이 탄다.
> ─ 노명순, 「서천」 전문

이 시의 이미지는 매우 선명하고 강합니다. 그래서 슬프고 아픕니다. 노을을 소재로 한 시는 많습니다. 그중에서도 노명순 시인의 「서천」은 단연 으뜸이라고 생각합니다. 개인적인 인연으로 그렇게 평가했을 수 있겠지만 객관적인 시적 성과로도 그렇습니다. 서산에 걸린 저녁해를 수박 반쪽

으로 묘사한 발상은 비교 불가한 일품입니다. 먹다 남은 수박을 하늘이 먼저 먹어버렸다는 상상이나 수박을 베어 물자 과육의 즙이 줄줄 흘러내려 서산을 붉게 젖게 했다는 이미지의 전개는 너무 선명하고 강해서 슬프게 합니다. 마치 자신의 운명을 예고하듯 붉은 수박물이 곧 말라버리고 세상은 깜깜한 어둠이 되었다는 결말에 이르면 무섭고 불안하게 합니다. 이 시는 1998년 발간한 시인의 두 번째 시집 『서천』의 표제작으로 상당한 호평을 받았던 시입니다. 당시 갓 등단했던 필자로선 감히 부럽다는 내색도 못 하고 시인의 주변을 맴돌았던 기억이 있습니다. 어쩌다가 참석한 문학 행사 때마다 행사를 주도하던 시인은 구석에 처박혀있던 필자에게 다가와 따뜻하게 손을 내밀어주던 큰누나 같은 시인으로 남아 있습니다. 동아방송 3기 성우라는 시인의 화려한 경력에서 알 수 있듯 시인의 재능은 아무나 흉내 낼 수준이 아닙니다. 이 무렵부터 시작된 시인의 시극이 절정에 이르렀을 때인 2010년 11월 시인은 위의 인용시처럼 온 세상을 붉게 물들이고 어둠 속으로 사라졌습니다.

시인과의 인연은 짧지만, 그 잔영은 지울 수가 없습니다. 금방이라도 무대 위 암막을 열고 나와 춤을 출 것 같습니다.

생사의 벽이 무명베처럼/숭숭 구멍 뚫려/다른 세상의 소리까지/다 들릴 것 같은데// 중략//빈 무대 위에/감물 먹인 옷 훌렁 벗어놓고/돌아오지 않는다/암막을 열면 다시/너울너울 춤을 추고 있을 것 같다// 졸시 「이승의 옷 한 벌-고 노명순 시인에게」 일부분

그녀가 물의 정원 나무 그늘에 식탁을 차렸다

눈앞 강물이 반짝이고 풀밭은 초록의 그림자
우리만 나이를 한참 먹었다

정성을 차린 우리들의 싱싱한 식탁
찰진 이야기 술술 풀려나오는
물빛 사월 만찬인 듯

오늘 하루 나를 낭비하지 않기로 했다
너무 힘껏 살지 않기로 했다

계단이 없는 평평한 물의 정원 저 푸른 그림자의 풀밭
나무 그늘에 누워 하늘을 독차지한 게
오늘 내 전부
아무도 슬프지 않아 지루한 내 생의 정점

그림자의 그림자인 내가 웃는다
죽은 친구는 저승 벌판 헤매느라 오지 못하고
오래 펄럭였던 얘기 한 줌 바람으로 정결했다
— 한이나, 「물빛 식탁」 전문

〈시천지〉 회원 중에서 별칭을 가진 시인은 한이나 시인이 유일할 겁니다. 그만큼 우리 〈시천지〉 식구들의 성정이 무난하다는 뜻일 수도 있고 개성을 드러내지 않으려는 배려일 수도 있습니다. 그런 중에서도 유일하게 '한무드'라는 별칭으로 통하는 한이나 시인은 우리 회원들의 볼거리, 먹을거리를 늘 앞서서 도맡아주고 있습니다. 먹을거리 볼거리

하나도 소홀히 하지 않고 분위기를 챙겨주신 덕분에 모일 때마다 호사를 누릴 수 있었습니다. '물의 정원 나무 그늘에 식탁을 차'려 놓고 '물빛 사월 만찬'을 즐길 수 있었던 것은 모두 시인의 덕분입니다.

  우리 중에 가장 부지런한 사람이기도 해서 시인의 주선이 아니면 우리 〈시천지〉는 일 년에 한 번 만나기도 어려웠을지 모릅니다. 시인은 발걸음만 부지런한 게 아닙니다. 지치지 않고 시를 써내는 열정의 소유자이기도 합니다.『물빛 식탁』등 7권의 시집과 시선집『알맞은 그늘이 내가 될 때』를 발간한 시인은 서울문예대상, 한국시문학상, 대한민국 시인상 대상, 영축문학상, 한국꽃문학상 등 회원 중 가장 많은 시집과 문학상을 받은 시인일 가능성이 큽니다. 간헐적 시인으로 사는 필자로선 여간 부러운 게 아니고 존경하지 않을 수 없는 시인입니다.

  시인은 청주 출신으로 지역의 내륙문학회에서도 활발한 문학 활동을 하는 시인으로 유명합니다. 오송역이 생기기 전 청주의 관문은 필자가 사는 조치원역이었습니다. 이런 지역적 특성으로 청주와 조치원은 오랫동안 같은 생활권에 속했습니다. 문학도 별반 다르지 않아서 당시 조치원의 백수문학(후의 연기문학)회와 내륙문학회가 수시로 교류를 했던 것으로 기억합니다. 시인을 〈시천지〉에서 만났을 때 인접한 지역에서 문학을 했던 관계로 각별한 애정을 두고 있었던 것으로 기억합니다. 말로만 듣던 서울 사는 사촌 누나를 타지에서 처음 만났다면 이런 기분일 것 같다고 생각했습니다

시가 뭐냐고 묻기에
흰 솔나리 꽃이라 했지요
허리 접어 토슈즈 신고 있는
발레리나의 클래식 튀튀처럼
경계를 사뿐히 허물고
발가락 끝으로
하늘 위 걷고 있는
푸른 잎맥의 발레리나꽃.
— 서주석, 「발레리나꽃」 전문

생전 처음으로 서울에 갔던 날의 기억이 생생합니다. 초등학교 5학년 여름방학 때입니다. 높은 빌딩, 남산의 케이블카, 광화문대로의 자동차들도 그렇지만 청량리에 사는 이모 집에 갔을 때의 기억이 그렇습니다. 얼레리 꼴레리~ 시골뜨기~, 놀려대던 서너 살 아래 사촌 동생이 얼굴을 기억합니다. 김이 모락모락 올라오는 가마솥의 찐빵을 떠올렸던 이유는 아직도 모르겠습니다. 동생을 두 팔로 끌어안고 난감해하던 이모의 희미한 미소를 기억합니다. 어머니가 입만 열면 서울로 시집가서 큰돈을 벌었다고 동네방네 자랑하던 이모는 나에게 우상이었습니다. 이모는 몇 년 전 돌아가실 때도 끝까지 내 이름을 불렀다고 합니다. 얼레리 꼴레리~하고 나를 놀려주던 사촌 동생이 전해주었습니다.

　서주석 시인은 감히 근접하기 어려운 존재였던 서울로 시집간 이모를 생각하게 합니다. 죽음의 순간까지 아픈 손가락이었을 내게 이모가 하고 싶었던 말은 무엇일까? '이모, 사랑하고 고마워요' 고백하면 들을 수 있을까.

'시가 뭐냐고 묻기에/흰 솔나리 꽃이라 했지요' 이 말을 할 수 있는 사람은 서주석 시인이기에 가능합니다. 서주석 시인은 시를 가지고 놀 줄 아는 시인입니다. 한국시치료학회를 이끌어 온 시인은 자연치유학 전문가(문학치료전공)로 잘 알려져 있습니다. 그는 시가 어떻게 우리 몸의 중심이 될 수 있는지를 실천하는 시인입니다. 시가 문장 밖에서 어떻게 존재할 수 있는지를 보여준 시인입니다. 관념 세계의 무엇으로 존재하던 시를 밖으로 드러내 살아있게 하는 비법을 아는 시인입니다. 자연치유학 박사라는 다소 생소한 분야를 개척한 이력에서 짐작할 수 있겠지만 시를 어떻게 사용하면 나이를 가늠할 수 없을 정도로 건강하게 젊음을 유지할 수 있는지 실증으로 보여준 시인입니다. 요즘엔 시극, 시노래 시낭송, 시춤 등 다양한 분야에서 시의 활용 영역을 넓혀보려는 활동이 보편화 되었지만, 그 시발점에는 서주석 시인의 있었다고 확신합니다.

> 봉투를 꺼내어
> 부의라고 그리듯 겨우 쓰고는
> 입김으로 후— 불어 봉투의 주둥이를 열었다
> 봉투에선 느닷없이 한 움큼의 꽃씨가 쏟아져
> 책상 위에 흩어졌다 채송화 씨앗
> 씨앗들은 저마다 심호흡을 해대더니
> 금세 당당하고 반짝이는 모습들이 되었다
> 책상은 이른 아침 뜨락처럼
> 분홍 노랑 보라빛으로 싱싱해졌다
> 씨앗들은 자신보다 백배나 큰 꽃들을

여름내 계속 피워낸다 그리고 그 많은 꽃들은 다시
반짝이는 껍질의 씨앗 속으로 숨어들고
또다시 꽃 피우고 씨앗으로 돌아오고
나는 씨앗 속의 꽃이 다치지 않도록 조심스럽게
한 알도 빠짐없이 주워 봉투에 넣었다
봉투는 숨 쉬는 듯 건강해 보였다
어머니 마실 다니시라고 다듬어 드린 뒷길로 문상을 갔다
영정 앞엔 늘 갖고 계시던 호두알이 반짝이며
입 다문 꽃씨마냥 놓여 있었다
— 최영규, 「부의」 전문

  시인의 이름보다 시가 먼저 호명되는 시인은 얼마나 행복할까? 상상합니다. 최영규 시인의 경우가 그렇습니다. 1997년 박제천 시인의 방산 사숙에서 시인을 처음 만났을 때 시인은 이미 유명 시인이었습니다. 1996년 조선일보 신춘문예 당선작인 「부의」는 그해 신춘문예 당선작 중에서도 단연 수작으로 이름이 높았습니다.
  '부의라고 그리듯 겨우 쓰고는/ 입김으로 후— 불어 봉투의 주둥이를 열었'더니 '봉투에선 느닷없이 한 움큼의 꽃씨가 쏟아져'나왔던 비슷한 경험은 많은 사람에게 있었을 것입니다. 그러나 이런 단순한 경험에서 시를 발견한다는 것은 노력으로 되는 일이 아니라고 생각했습니다. 이 시야말로 받은 시라는 생각이 강해서 절망하던 때 최영규 시인을 만났습니다. 나도 저런 시 하나 내려달라고 기도했습니다. 등단 전이었던 필자에게 최영규 시인은 영웅이었습니다.
  최영규 시인의 양평 집에는 집 뒤 정자로 가는 샛길이 있

었던 것 같습니다. '어머니 마실 다니시라고 다듬어 드린 뒷길'로 시인들뿐 아니라 동네 사람들이 수시로 마실 오는 길입니다. 사람 좋기로 소문났고, 실제로도 시인은 마당발입니다. 입담꾼인 시인은 입만큼 발도 늘 바쁩니다. 등산가로 잘 알려진 시인은 에베레스트를 비롯한 세계 명산을 여러 번 등정한 기록도 가지고 있습니다. 그런 중에서도 한국시인협회 사무총장, 국제 PEN 한국본부 감사 등 문단의 살림꾼으로, 〈글발〉 축구단의 헛발질로 유명할 뿐 아니라 사업가로 성공한 시인이기도 합니다.

그러나 필자에게 시인은 입이나 발이 아니라 가슴이 더 넉넉하고 따뜻한 사람으로 존재합니다. 시인이 김구용문학상, 경기문학상, 바움작품상등 다수의 문학상을 받을 때마다 쑥스러워했던 것과 달리 남양주시장으로부터 자랑스러운 시민상을 받았을 때 유독 기뻐하던 것을 기억합니다. 양평 시골집으로 이사했을 때부터 30여 년 동안 동네의 쓰레기 분리를 자청해서 봉사해왔던 사실을 알고 있던 필자는 수상을 당연하게 생각했습니다. 그러나 시인에게는 그 의미가 달랐습니다. 삶과 시가 다르지 않다는 믿음으로 살아온 시인에게 시민상 수상은 자신이 믿음이 틀리지 않았다는 확신이었을 것입니다. 그것이 시인이 이웃과 함께 세상을 살아가는 방식이고 필자가 최영규 시인에게 기생해서 문단 활동을 해온 이유입니다.

    방죽 위에서
    저무는 해와 마주 서서 벌판을 바라보면
    어느새 개천을 가로질러 있는 그림자

그림자도 때로는 다리가 되는구나
그림자를 걸어가 건너편 천변의 억새꽃에 이르러
삶이 수시로 하얗게 흔들린다

미안해 미안해하며 해는 넘어가고…

어둠과 함께 집에 돌아와 마당에 서면
툇마루 위에 걸린 희미한 전등불에
내 그림자는 다시 살아나지만
석류가 붉게 울고 있는 담장 끝에서 가슴이 잘려진다
하반신만 남아 있다
그때서야 나는 알아차린다
담 밖은 어둡다는 것을,
— 김성오, 「그림자도 때로는 다리가 되는구나」 전문

언제부터였을까? 언제부터 사랑하기 시작했을까? 김성오 시인과 처음 만난 날은 기억하지 못해도 시인을 처음으로 마음에 둔 날은 기억합니다. 문학아카데미의 어떤 행사장에서 시인이 구성지게 부르던 〈봄날은 간다〉라는 노래를 들었던 날부터입니다. 그때부터 시인이 궁금해지고, 시인의 시를 찾아 읽고, 시인과 함께 많은 이야기를 나누고 시간을 공유했습니다. 어느 날 문득 시인이 바다를 보고 싶다고 했습니다. 바다에 대해 잘 모르는 필자는 전적으로 김성오 시인에게 의지해서 여수항에서 배를 타고 어떤 작은 섬을 여행했습니다. 시인과 무슨 말을 했는지 기억나지 않아도 섬 언덕을 올라갈 때 바닥에 뚝뚝 떨어져 있던 동백

꽃을 기억합니다. 여수역 근처 골목을 지나올 때 한동안 걸음을 멈추고 서서 '여기가 내가 살던 곳이야'하고 혼잣말 하던 가늘고 슬픈 목소리를 기억합니다.

파주에서 제주도로, 서울로, 다시 설악산 밑으로 떠돌 때도 그의 가방 속에는 늘 바다가 들어있었습니다.

> 바다로 갔다/집을 떠날 때의 가벼움이/소금물에 절어 무거워질 때/하얀 소금꽃 필 때/바다까지 한 배낭 짊어지고/여수 밤바다에 도착하였다/파도칠 때마다/배낭 가득 짊어진 바다가 출렁거렸다//짐을 풀어놓고 창문을 열면/세상 다 파도인데/열세 살에 가출해서 배낭 속에 늘/바다를 짊어지고 살던 너에게/파도 아닌 곳 있었을까//집을 떠날 때의 가벼움도/울컥, 파도 한 번이면/온몸 소금꽃이 피는데/소금물에 절어 목선처럼 무거운데/늘 파도인 너는 어느덧/ 소금 덩어리가 되지 않았을까/한 삼 년 소낙비면/그 소금 덩어리 다 흘러내릴까//여수역 근처/여인숙 같은 집으로/언제/돌아올 수 있을까//
> ― 졸시 「여수에서 ― 김성오 시인에게」 전문

시인은 열세 살 어린 나이에 집을 나와 가방 하나 둘러메고 전국을 떠돌다가 결국 이 나라를 떠났습니다. 어느 날 문득, 설악산 밑자락 원룸에서 숨어 살다시피 하던 시인의 안부가 궁금해서 전화했습니다. 그날은 평소와 다르게 목소리가 들떠있었습니다. 김병환 시인과 함께 인천공항으로 가는 중이라고 했습니다. 그렇게 미국으로 가더니 잘 사는가 싶으면 또 어딘가를 떠돌았습니다. 그렇게 표류하던 배 한 척 해변 자갈밭에 처박히듯 남쪽 작은 바닷가 마을에

집을 장만했다는 소식만 짧게 보내왔습니다. 바다가 그리웠나 봅니다. '담 밖은 어둡다는 것을' 이제라도 알아차렸으면 좋겠습니다.

> 눈앞에 셀 수 없이 널린 길들도
> 내 정작 마음먹고 나가려 할 땐
> 너덧 길 서너 길 두어 길 되다
> 한 길로 줄어들기 마련이듯이
>
> 지상에서 제일로 부지런한 건
> 나의 손과 또 나의 발이라지만
> 머리에서 가슴으로 못 옮기고선
> 가슴에서 발끝으로 못 이르고선
>
> 세상에서 제일로 머나먼 길은
> 머리에서 발끝으로 나아가는 길
> 발끝에서 온몸으로 못 나가고선
> 마지막엔 자기조차 못 버리고선
>
> 눈잎에 널려있는 길들 중에서
> 마음 둘 수 있는 길은 어디에 있나
> 지상 위에 남겨진 오직 한 길은
> 내 온몸을 던져서 열어가는 길
> ― 고영섭, 「길 ― 사랑의 지도」 전문

  시앗을 두면 돌부처도 돌아앉는다는 속담이 있지만, 시

앗이 생겨도 꿈쩍하지 않을 사람이 고영섭 시인입니다. 소금항아리 같은 사람입니다. 필자의 예전 집에는 토광 구석에 소금항아리가 붙박이처럼 자리를 차지하고 있었습니다. 이사 나올 때까지 한 번도 그 자리를 옮겨본 적 없는 질항아리였습니다. 오래된 소금독은 간수가 베어 하얀 소금꽃이 피어있었습니다. 〈시천지〉에도 그런 사람이 있습니다.

동국대학교 불교학과 교수로 재직 중인 시인은 문학과 철학, 불교학자로 명성이 높지만 '시는 문학청년 시절부터 내 삶을 지탱해 준 고갱이였다'는 고백에서 보듯 그의 중심에는 시가 있습니다. 2005년 6월부터 인문학 계간지 『문학 사학 철학』을 20년 동안 주간해오면서 필자는 시인이 엄살을 부리는 것을 한 번도 보지 못했습니다. 한번 '마음먹고 나가려 할 땐' 그는 '남겨진 오직 한 길'을 향해 미동 없이 '온몸을 던져서 열어가는' 사람입니다.

살면서 옆에 길을 물어볼 사람이 있다는 것은 행운입니다. 도道를 아는 사람과 동행하는 여행처럼 안심되고 즐거운 여행이 없습니다. 〈시천지〉가 기울지 않고 균형을 이루며 한 세대를 동행할 수 있었던 이유는 든든한 안내자가 있었기 때문입니다. 태풍에도 넘어지지 않는 돌부처에 의지해서 바람을 피할 수 있었기 때문입니다.

만해와 미당, 원효와 퇴계, 향가에 이르기까지 불도유佛道儒를 넘나들던 시인은 이제 고향으로 돌아갈 준비를 하고 있습니다. '눈앞에 셀 수 없이 널린 길'을 지나 결국 '너덧 길 서너 길 두어 길 되다/한 길로 줄어들'어 '마음 둘 수 있는 길'을 찾은 듯합니다. 몇 해 전 고향인 상주에 농가를 마련하고 아이처럼 좋아하던 모습이 생각납니다. 시인을 만날 때마다 종종 안부를 물어보는 것은 마침 필자의 농장도 상주에 있어 이제 남아 있는 우리가 살아가야 할 날의 끝자락에는 동향인으로 살 수도 있겠다는 기대감이었을지 모릅니다.

    보랏빛 향기가 뎅,
    오동꽃에서 종이 울린다
    여러 개의 귀가 열린다
    해는 저물고 벤치는 소리 박물관인 듯
    사람들이 시침 분침처럼 스쳐 간다
    더러 고장 난 시계 같은 사람도 있어
    따라온다, 목록들
    구겨진 태엽처럼 떨어진 송이들
    소리의 안쪽을 살피면
    환영처럼 피어나는 무게들
    태양을 맞으러 현관을 나서던 날
    구름 너머를 보지 못하고
    이제는 오후 여섯 시의 잎으로 남았다
    흐르는 시간의 하류에 저리 아름다울 수 있을까
    고개를 드는데 그늘이 진다
    내 피톨들이 보라, 보라, 외친다
    뒤로 태양이 뜬다고 등진 관계들
    등나무는 그냥 그늘을 드리우지 않는다
    꽃이 대지로 스며들고 있다
    그늘이 대지로 스며들고 있다
    — 박수빈, 「바람의 슬하」 전문

'그는 개념을 완성하는 시인이 아니라, 사건을 수행하는 시인이'라는 김재홍 시인의 해설(달을 먹은 고양이-상상인 시선 59)을 인용하지 않더라도 박수빈 시인은 각자覺者의 모습보다 수행자의 모습으로 우리와 함께합니다. 밝은 미소도 곱지만, 목소리는 더 아름답고 따뜻합니다. 배려가 몸에 밴 시인은 드러나지 않게 〈시천지〉가족을 살피고 도움을 주는 사람입니다. 〈시천지〉 모임 때마다 대화에 방해가 되지 않게 일일이 식탁 위에 살그머니 수저를 놓아주던 손을 기억합니다. 문학평론가로도 일가를 이룬 시인이지만 드러내지 않고 조용히 다른 이들의 말을 들어주는 사람입니다. 그것은 내면이 충만한 사람에게서 보이는 여유라고 생각합니다.

시인은 '여러 개의 귀'를 열어놓고 사람들의 말을 들어주고, 살피는 데 익숙합니다. 오동나무 아래 벤치에 시침, 분침처럼 어떤 사람은 아주 짧은 시간, 또 어떤 사람은 조금 더 길게 앉았다가 갔을 것입니다. 그중에는 고장 난 시계처럼 아주 오랜 시간 앉아있던 사람도 있었을 것입니다. 그들의 '소리의 안쪽'까지 살펴볼 줄 아는 사람이 박수빈 시인입니다. '보랏빛 향기가 뎅,/ 오동꽃에서 종이 울리'는 저녁입니다. 아직도 고장 난 시계처럼 벤치에 앉아있는 사람의 어깨를 자신의 온몸으로—꽃이 떨어져 덮어주는 따듯한 사람입니다.

이런 따듯한 사람의 슬하라면 누구라도 마다하지 않을 겁니다. 필자의 어머니는 오동꽃이 피기 시작할 무렵 돌아가셨습니다. '이제는 오후 여섯 시의 잎으로 남'아 '고개를 드는데 그늘이' 집니다. 다시 꽃이 핀다면, 젊은 어머니가

거기 오동나무 가지마다 보랏빛 종을 닮은 귀를 열어놓고
나를 기다리고 계실 것 같습니다.

   아버지가 즐겨 찾던 안주는 죽은 아내를 부르는 것이었다.
곡기가 소주였던 일이 다반사였다. 절대 아버지처럼 살지 않
겠다던 다짐이 밤마다 꿈을 꾸며 이불을 걷어찼는데, 그럴 때
마다 이불에 붙어 있던 별들이 떨어져 나갔다. 밥값이 부족
하던 청춘은 허기를 메울 단어를 찾아 번역을 했다.
   — 오석륜, 「엄마야 누나야 강변 살자」 전문

오석륜 시인은 형제 시인입니다. 국문학을 전공한 아버지를 닮아 형제는 문학적 재능을 타고났습니다. 그러나 그 재능이 이들 형제에게는 축복이 아니라 형벌이었을지 모릅니다. 동생 오형석 시인은 어릴 때 형이 읽던 책을 몰래 읽으며 시를 배웠다고 했습니다. 시집을 읽고 있으면 형이 불같이 화를 냈다고 했습니다. 아버지의 모습을 형에게서 봤다고 했습니다.

 오석륜 시인이 기억하는 동생은 어릴 때 시를 무척 잘 썼다고 했습니다. 그러나 그가 시를 쓰는 것을 적극적으로 반대를 했다고 했습니다. 일찍 부모님이 돌아가셨기 때문에 동생을 책임져야 했다고 했습니다. '절대 아버지처럼 살지 않겠다던 다짐'을 하며 형제는 시를 쓰지 않기 위한 형벌을 오랜 시간 견뎌야 했을 것입니다. 그러나 결국, 형제는 시인이 되고 말았고 이제 서로에게 애틋함으로 남아 힘이 되어주고 있습니다.

 '밥값이 부족하던 청춘은 허기를 메울 단어를 찾아 번역

을 했'던 시인은 지금도 번역가로 부족한 밥값을 보태고 있습니다. 일본어 교수로, 번역가로, 칼럼니스트로, 시인으로 몇 해 전부터는 대학의 학과장 직책까지 맡아 교육행정가로 몇 사람의 몫을 감당하고 있습니다. 그런 시인을 보면 남 같지 않습니다.

필자는 시인처럼 문학적 재능을 타고나지 못했습니다. 필자의 아버지는 힘이 장사였지만 아무리 땅을 파도 가난을 벗어나지 못했습니다. 물려받은 강변 논 세 마지기와 삼 년 머슴을 살아서 장만한 세 마지기의 논이 전부였기 때문입니다. 그 사이 자식들은 무럭무럭 자랐고 아버지는 장남인 필자와 일곱 살 아래 동생 중에서 하나를 선택해야 했습니다. 집안을 일으킬 수 있는 아들을 골라 공부를 시키는 것이 아버지가 할 수 있는 최고의 선택이었을 것입니다.

공부하지 않으려고 시인이 된 필자에게 시인이 되지 않으려고 번역가가 된 오석륜 시인이 유별할 수밖에 없는 이유입니다.

지난 일 년 사이에 우리는 그동안 〈시천지〉와 함께 살아온 30년보다 더 많은 사회적, 기술적인 변화를 경험하고 있습니다. 정치적 양극화와 사회적 분절, 청년 세대의 좌절과 중년 세대의 피로, 고령화와 인구감소, 지역 소멸과 도심 집중, 그리고 AI와 디지털 기술의 급격한 확산까지—이 모든 것이 한꺼번에 우리 사회의 '현재'를 규정하고 있습니다.

빠르게 소비되고 잊히는 정보들 속에서 인간의 내면은 점차 힘을 잃고 말은 기능적이고 효율적인 도구로 전락했습니다. 하루에도 수십 번씩 뉴스와 광고, 알림과 지시문이 쏟아집니다. 어디에서도 '마음'을 이야기하는 문장은 찾아보기 어려운 것이 현실입니다. 개인은 점점 더 고립되고, 공동체는 갈수록 파편화되었습니다. SNS와 알고리즘은 연결된 것처럼 보이지만, 사실은 생각이 비슷한 사람들끼리만 엮이는 '폐쇄적 공감의 방'을 만들어낼 뿐입니다.

 현실은 문학에서도 효용을 묻는 시대가 되었습니다. 시가 무슨 쓸모가 있느냐는 질문을 거리낌 없이 던지는 시대입니다. 우리는 그 질문에 답해야 합니다. 시는 인간이 인간일 수 있게 해주는 언어라고 말해야 합니다. 개인은 점점 더 고립되고 공동체는 갈수록 파편화된 오늘, 정치가 막히고 경제가 흔들리며 기술이 삶을 대신하려 할 때 인간다움은 어디서 회복되어야 하는지 말해야 합니다. 그것은 바로 언어, 그중에서도 '깊이 있는 언어', '천천히 말하는 언어', '듣기 위한 언어'에서 시작되어야 합니다. 시가 바로 그것이라고 생각합니다.

시천지 동인 연보

시천지 동인 연보

1995년 이나명 시인 〈대산창작기금〉 수혜.

1995년 〈시천지〉 제1집 『상처의 곳간』(문학아카데미) 간행. 출판기념 시낭송회(샘터 파랑새 극장) 개최.

1996년 최영규 시인 《조선일보》 신춘문예 시 부문 당선.

1996년 〈시천지〉 제2집 『詩가 있고 시가 없다: 神性을 지닌 시』(문학예술) 간행.

1997년 윤정구 시인 〈대산창작기금〉 수혜.

1997년 〈시천지〉 제3집 『달빛 위 혹은 아래 : 온몸으로 부르는 노래』(동악사) 간행. 윤종대 해설, 「건강한 시들의 향연」.

1998년 노명순 시인 〈문예진흥기금〉 수혜.

1999년 〈시천지〉 제4집 『그림자도 때로는 다리가 되는구나: 善과 惡의 시』(오성문화) 간행. 윤정구 해설, 「九人九色, 그 백화난방의 詩學」.

1999년 진영대 시인 동인으로 참여. 이즈음부터 시의 소리짓과 몸의 몸짓을 아우른 노명순 시인의 시극 〈시예술〉을 여러 무대에 지속적으로 올리기 시작.

2000년   윤정구 시인 〈문예진흥기금〉 수혜.

2000년   최영규 시인 〈문예진흥기금〉 수혜.

2001년   윤정구 시인 〈수주문학상〉 수상.

2001년   김성오 시인 〈문예진흥기금 전업작가지원〉 수혜.

2002년   진영대 시인 〈문예진흥기금〉 수혜.

2002년   〈시천지〉 제5집 『시천지·5: 詩라는 것』(다층) 간행. 김영교 시인 동인으로 참여. 김영교 해설, 「거울을 위한 거울: 1990년대 〈시천지〉 동인 연구」.

2003년   윤정구 시인 〈문학과창작 작품상〉 수상.

2006년   〈시천지〉 제6집 『가슴털이 고운 새』(천년의 시작) 간행. 고영섭 동인소개, 「좋은 시가 천지인 세상을 만드는 시인 결사체」; 설태수 해설, 「見者의 노래」.

2007년   이나명 시인 〈문학과창작 작품상〉 수상. 서주석 시인 동인으로 참여.

2009년   노명순 시인 〈바움작품상〉 수상.

2010년   최영규 시인 〈한국시문학상〉 수상.

2011년   최영규 시인 〈경기문학상〉 수상.

2011년   노명순 시인 〈한국시문학상〉수상. 그해 11월 노명순 시인 타계.

2012년   한이나 시인 〈한국시문학상〉, 〈서울문예상〉 대상 수상.

2014년   최영규 시인 〈바움작품상〉 수상.

2014년   〈시천지〉 제7집 『뜸: 밝은 상상력의 발현과 한국 현대시의 여울 맑히기』(지혜사랑) 간행. 고영섭 해설, 「'시의 천지'를 만들기 위해 '뜸'을 들인 스무 해 — 1990년대 〈시천지〉 동인과 2010년대 〈시천지〉동인」.

2015년   오석륜, 박수빈 시인 동인으로 참여.

2016년　고영섭 시인 〈현대불교문학상〉, 〈한국시문학상〉 《시와세계》 평론상 수상.

2016년　서주석 시인 〈한국시문학상〉 수상.

2017년　〈시천지〉 제8집 『점안點眼의 시법詩法』(시인동네) 간행. 우대식 해설, 「멀고 먼 서정의 끄트머리」.

2020년　진영대 시인 〈문학나눔 우수문학도서〉 선정.

2020년　이나명 시인 〈문학나눔 우수문학도서〉선정. 윤정구 시인 〈공간시낭독회 문학상〉 수상.

2020년　한이나 시인 〈영축문학상〉, 〈대한민국시인상〉 수상.

2021년　진영대 시인 〈삶의 문학상〉 수상.

2022년　〈시천지〉 제9집 『달을 먹은 고양이가 담을 넘은 고양이에게』(시인동네) 간행.

2022년　진영대 시인 〈한국시문학상〉 수상

2022년　진영대 시인 〈충남시인협회 작품상〉 수상

2023년　고영섭 시인 〈제16회 이상시문학상〉 수상.

2024년　최영규 시인 〈김구용시문학상〉 수상.

2025년　박수빈 시인 〈제5회 손곡 이달 문학상〉 수상.

2025년　〈시천지〉 제10집 『시천지의 한 세대 시천지의 세 마디 ― 〈시천지〉 동인 30주년 기념시집을 펴내며』(지혜) 간행. 진영대 해설, 「〈시천지〉동인 31년을 돌아보며 ― 하늘과 땅이 어우러진 시를 위하여」

동인 주소록

동인 주소록

고영섭

주소 : 14693 서울시 마포구 백범로 37길 12(신공덕1차삼성래미
   안아파트), 103동 2101호

전화 : 010-9022-9180

이메일 : koyoungseop@hanmail.net

박수빈

주소 : 16469 경기도 수원시 팔달구 인계로 20(매교동, 매교
   역푸르지오skview), 108동 804호

전화 : 010-4395-8155

이메일 : wing289@hanmail.net

서주석

주소 : 04769 서울시 성동구 서울 숲 2길 32-14(갤러리아포레)
   102동 1102호

전화 : 010-5260-3136

이메일 : choranara19@gmail.com

오석륜

주소 : 서울 노원구 동일로 207길 186, 106동 1802호

전화 : 010-9137-0655

이메일 : sugyoono@hanmail.net

윤정구

주소 : 16960 경기도 용인시 기흥구 새천년로 40(신갈동, 파크시엘), 409동 403호

전화 : 010-8724-9242

이메일 : jyoon@daum.net

이나명

주소 : 13519 경기도 성남시 분당구 판교로 519(탑마을경남아너스빌), 712동 1902호

전화 : 010-7749-9549

이메일 : namyung45@hanmail.net

진영대

주소 : 30021 세종특별자치시 조치원읍 충현로 159(육일아파트), 102동 2403호

전화 : 010-6352-9027

이메일 : jinyd9027@hanmail.net

최영규

주소 : 12280 경기도 남양주시 조안면 송송골길 66
전화 : 010-3764-2128
이메일 : choibm@empas.com

한이나

주소 : 06284 서울시 강남구 삼성로 212(은마아파트), 26동 303호
전화 : 010-5413-3867
이메일 : baulina@hanmail.net

시천지 동인

1994년 10월, 권력과 자본 혹은 친소 관계에 기반하여 발표 지면을 나눠 먹기 하는 문단의 현실을 반성하고, "한국문학사적 의미를 지닌 시인 결사체를 만들자"는 뜻으로 상희구, 이나명, 노명순, 윤정구, 한이나, 최영규, 김성오, 고영섭 시인이 모여 '시의 천지' 또는 '시의 지천'을 만들기 위해 〈시천지〉 동인을 결성하다.

동인 이름은 '하늘과 땅이 어우러진 시', '좋은 시가 천지인 세상'을 만들자는 취지에서 '시의 천지', '시의 지천'을 함의하는 '詩天地'로 정하다. 이후 매월 한국 문학사에 큰 발자취를 남긴 시인 오상순, 한용운, 김수영, 정약용, 김소월, 윤동주, 김현승, 조지훈, 신동엽, 박목월, 주요한, 허난설헌(순례순) 등의 시세계 강의 및 시비를 순례하며 동인들의 문학적 우의를 다지다.

* * * * *

1995년 〈시천지〉 제1집 『상처의 곳간』(문학아카데미)

1996년 〈시천지〉 제2집 『詩가 있고 시가 없다: 神性을 지닌 시』(문학예술)

1997년 〈시천지〉 제3집 『달빛 위 혹은 아래 : 온몸으로 부르는 노래』(동악사)

1999년 〈시천지〉 제4집 『그림자도 때로는 다리가 되는구나: 善과 惡의 시』(오성문화)

2002년 〈시천지〉 제5집 『시천지·5: 詩라는 것』(다층)

2006년 〈시천지〉 제6집 『가슴털이 고운 새』(천년의 시작)

2014년 〈시천지〉 제7집 『뜸: 밝은 상상력의 발현과 한국 현대시의 여울 맑히기』(지혜)

2017년 〈시천지〉 제8집 『점안點眼의 시법詩法』(시인동네)

2022년 〈시천지〉 제9집 『달을 먹은 고양이가 담을 넘은 고양이에게』(시인동네)

시천지 제10집

시천지의 한 세대 시천지의 세 마디

발 행	2025년 11월 13일
지은이	고영섭 외
펴낸이	반송림
편집디자인	반송림
펴낸곳	도서출판 지혜, 계간시전문지 애지
기획위원	반경환
주 소	34624 대전광역시 동구 태전로 57, 2층 도서출판 지혜
전 화	042-625-1140
팩 스	042-627-1140
이메일	eji@ji-hye.com
	ejisarang@hanmail.net
애지카페	cafe.daum.net/ejiliterature

ISBN	979-11-5728-595-2 03810
값	12,000원

이 책의 판권은 지은이와 도서출판 지혜에 있습니다.
양측의 서면 동의 없는 무단전재 및 복제를 금합니다.